동시**로** 생각하고
수필**로** 이해하고
문제**로** 논술하는

로로로 초등 수학

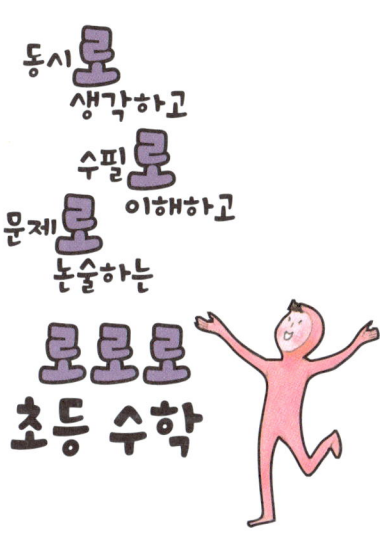

동시로 생각하고
수필로 이해하고
문제로 논술하는

로로 초등 수학 5학년

감수 김판수 (부산교육대학교 수학교육과 교수)
글 윤병무 | 그림 이철형

국수

단원 개요

수학 교과서의 단원별 열쇠 말을 의문형 문장으로 짧게 써 놓았어요. 독자의 궁금증을 이끌어 내기 위함이에요. 자발적 배움은 궁금함에서 시작되니까요.

수학 동시

동시로 수학을 배워요. 이야기가 있는 수학 동시를 읽으면서 독자는 단원의 핵심 개념을 느끼고 생각하면서 자연스레 배울 수 있어요. 이야기의 힘이에요. 동시와 어울린 그림 또한 마음에 스미게 해 주어요.

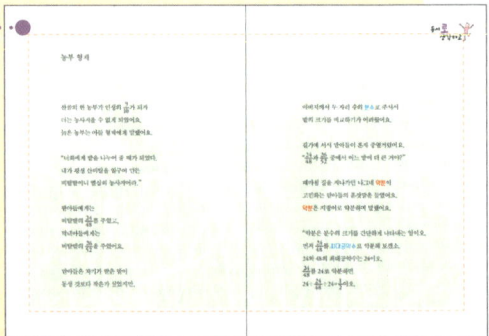

이 책의 구성

수학 수필

수학 지식을 수필로 풀어냈어요. 논설문이 아니라 저자의 경험과 생각으로 쓴 수학 수필이에요. 그럼에도 독자는 읽어 내야 이해할 수 있어요. 이 책의 수필은 지식이 쌓이고 마음이 살지는 글이에요.

논술 문제

정답을 요구하는 문제가 아니에요. 독자의 자유로운 생각을 이끌어 내는 서술형 문제예요. 자신의 생각을 분명하게 써 보는 게 중요해요. 생각은 글로 나타낼 때 깊어지고 넓어져요.

감수의 말
수학과 문학이 만나면

김판수 초등 수학 교과서 집필 책임자(2015 개정)
부산교육대학교 수학교육과 교수

수학과 동시가 만났습니다. 수학과 수필이 만났습니다. 수학과 문학이 만난 겁니다. 그래서 그 둘은 마치 깐깐한 각도기와 수줍은 진달래꽃이 만난 것처럼 왠지 어색할 것 같습니다. 딱딱한 수식(數式)과 아름다운 문장이 만난 것입니다. 분명한 사실과 자유로운 상상이 만난 것입니다. 차가운 이성과 따뜻한 감성이 만난 것입니다. 또 그래서 그 둘 사이의 거리는 멀어만 보이고, 가까이 마주하고 있다고 해도 서로 서먹서먹한 관계로만 보일 것 같았습니다. 그런데 제가 '로로로 초등 수학' 시리즈를 감수해 달라는 요청을 받고, 호기심에 원고들을 읽으면서 발견한 것이 있습니다. 그것은 수학과 시에 상당한 공통점이 있다는 것입니다. 그것을 발견했을 때의 짜릿한 놀라움을 저는 감출 수 없었습니다.

제가 발견한 수학과 시의 공통점은 세 가지입니다. 군더더기 없이 간결하다는 것(간결성), 추상적이면서도 구체적이라는 것(상징성), 감각적인 사고력으로 이루어져 있다는 것(직관력)이 그것입니다. 그러자 저는 '로로로 초등 수학'에 매료되었습니다. 이 시리즈에 실린 동시들이 수학의 모습과 많이 닮았기 때문입니다. 오래전에 저는 어떤 수학자가 쓴 시를 읽은 적이 있습니다. 지금 기억하기로, 그 시는 수학을 그저 압축한 언어로 바꾸어 놓은 것에 불과하여 당시 저는 별다른 매력을 못 느꼈습니다. 그러나 '로로로 초등 수학'에 실릴 동시와 수필의 원고들을 읽고는 적잖은 감명을 받았습니다.

이제 책으로 나온 '로로로 초등 수학'에 실린 동시들은 수학의 개념들을 그 테두리 안에 가두지 않고 더 넓게 상상하도록 독자를 도와주고 있습니다. 초등학교 1학년 수학 교과서의 한 단원에서는 사물의 '길이'를 나타내는 개념을 가르칩니다. 그런데 이 책의 시리즈에 실린 동시들 중에서, 『로로로 초등 수학 1학년』에 수록된 작품 「김비교 학생의 일기」는 그 '사물의 길이'를 '시간의 길이'까지 확장하여 어린이 독자의 생활 경험에 수학의 개념이 맞닿게끔 그 의미를 활짝 열어 놓았습니다

(수학 교과서에서는 '시간의 길고 짧음'은 가르치지 않습니다). 따라서 이 동시는 수학의 개념어가 교과서 바깥의 일상생활에서 어떻게 사용되는지를 잘 보여줍니다.

'로로로 초등 수학' 시리즈의 또 다른 매력은, 각각의 동시들이 수학을 마치 아름답게 빛나는 별과 같이 그려내고 있다는 점입니다. 시는 보통 그 특성인 간결함 때문에 편하게 읽어 내기가 쉽지 않다고들 말합니다. 하지만 이 시리즈의 동시들은 친절하게도 우리 어린이들의 눈높이에 맞추어 수학 개념을 재미있고 신비롭게 표현하고 있습니다. 우리 어린이들이 좋아하기에 충분합니다. 누구나 자기가 좋아하는 것을 자주 생각하기 마련입니다. 따라서 "동시로 생각하고"라는 이 시리즈 부제목의 첫 말처럼, 우리의 어린 독자들이 자연스레 '동시로써 수학의 개념을 생각할 수 있게끔' 이 시리즈는 이끌어 주고 있습니다.

수학은 가장 인기 없는 과목입니다만, 수학을 가르치지 않는 나라는 없습니다. 왜일까요? 수학은 과학, 기술, 산업의 기초이기에 꼭 필요하기 때문입니다. 또 눈에 보이지는 않지만,

수학은 어느 나라 사람이든 의사소통을 정확하고 논리적으로 할 수 있게끔 생각과 말을 펼쳐 주기 때문입니다. 따라서 수학은 한 나라의 산업뿐만 아니라, 개개인의 전문성을 기르기 위해 꼭 필요한 '생각하는 힘'을 길러 주는 도구입니다.

하지만 어느 나라 학생들이든 수학만큼은 배우기 힘들어 합니다. 수학의 언어는 세계 공통어이지만, 동시에 어느 나라에서든 아주 딱딱하고 낯선 언어로 느끼기 때문입니다. 그런 점에서 '로로로 초등 수학' 시리즈는 수학의 언어를 문학의 언어로 통역해 주고 있습니다. 그것도 구연동화처럼 실감 나게 말입니다. 그래서 수학을 어려워하는 우리나라 어린이들이 이 책을 읽으면, 수학이 재밌는 과목이 되리라 생각합니다.

세상에는 두 가지 언어가 있다고 합니다. 하나는 우리말이나 영어 같은 소리글자이고, 다른 하나는 한자나 히브리어와 같은 뜻글자라고 합니다. 저는 우리 아이들이 꼭 배워야 할 것은 또 다른 두 가지라고 생각합니다. 하나는 국어이며 다른 하나는 수학입니다. 교과서이든 일반 도서이든, 과학을 담고 있는 책을 읽고 이해하기 위해서는 우리말과 수학을 모두 잘 알고 있어야만 합니다. 까칠한 수학을 아름답고 생생한 문체로 탈바꿈시킨 '로로로 초등 수학'의 동시와 수필은 이 두 가지를 융합적으로 배우게 합니다. 일석이조입니다.

김판수 씀

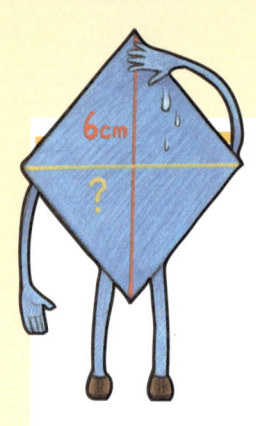

감수의 말 수학과 문학이 만나면 · 9
머리말 수학이라는 고구마 · 16

① '나누어떨어지는 수'와 '갑절이 되는 수' · 21
약수와 배수

② '일정한 변화'와 '짝을 이루는 관계' · 41
규칙과 대응

③ 분수를 간단히 하고, 분모를 같게 하는 법 · 57
약분과 통분

④ 다각형의 '둘레'와 '넓이'를 구하는 법 · 77
다각형의 둘레와 넓이

⑤ 어림하여 '수의 범위'를 나타내는 법 • 101
   수의 범위와 어림하기

⑥ '모양과 크기'가 같으면 무엇이 될까? • 119
   합동과 대칭

⑦ 직사각형 6개에 둘러싸인 도형 • 135
   직육면체

⑧ '평균'을 구하는 법과 '가능성'을 표현하는 법 • 153
   평균과 가능성

찾아보기 • 168

머리말
수학이라는 고구마

『로로로 초등 과학』 시리즈에 이어, 이번에는 수학 시리즈입니다. 문학으로써, 이제껏 없었던 초등 융합 교육서를 쓰기 시작한 날부터 소걸음으로 매일매일 그 길을 가다 보니, 어느새 목적지의 절반은 지나는 듯합니다. 그사이 '과학'이라는 고갯길을 넘고 보니, '수학'이라는 태산이 맞이해 주었습니다. 수학의 굽이굽이 산길에서는 청춘이라는 배낭을 메고 참 잘 웃는 그림 작가를 만나 해를 넘어 길동무하였습니다. 맑고 밝은 이철형 화가는 길목마다 자기 마음을 닮은 꽃들을 피워 이 수학 시리즈를 화려하고 곱게 만들어 주었습니다. 참 고맙습니다.

고백하자면, 문학으로 수학을 말하는 일은 과학을 문학으로 말하기보다 어려웠습니다. 여러 날 애써도 수학 동시가 써지지 않으면, 이를테면 평면도형에 관한 동시를 써야 할 때면, 뭐 재밌는 게 놓여 있을까 싶어 길바닥만 보고 걸었던 꼬마 때처럼, 그 소재를 찾으려고 출퇴근길에 주변을 두리번거리기도 했습니다. 그런 날일수록, (자신을 꾸짖는 것이기도 했습니다만) '왜 수학은 동시가 되기 힘든 걸까?' 하고 생각했습니다. 그러다가 다시 생각해 보니, 나무에 빗대어 말하면, '과학은 줄기이고, 수학은 뿌리이기 때문이지 않을까?' 하는 생각에 닿았습니다. 과학은 시대에 따라 진실이 변하기도 하여 그 지식이 바뀌기도 하는 반면에, 수학은 3천 년 전이나 지금이나 틀림없는 진리이니 말입니다.

그래서 문학으로 수학을 말하는 일이 더 조심스러웠나 봅니다. 수학의 규칙이 분명하고 엄격하니, 동시와 수필의 성격이 자유롭더라도 자칫 수학의 사실을 그릇되게 이야기하면 어쩌나 싶었습니다. 그래도 갈 길은 가야 해서, 제 나름으로는 길 가장자리에 바짝 붙어서 걷듯 수학이 허용하는 정도를 가늠하여 조심스레 창작했습니다. 그 후, 다행히 이 수학 시리즈의 감수를 맡아 주신 김판수 교수님의 감수 말씀을 편지로 전달 받고 나서 안심할 수 있었습니다. 시리즈 전체 원고를 꼼꼼히 읽으시고, 격려와 칭찬과 기대의 말씀을 전해 주신 김판수 교수님께서는 현행(2015 개정) 초등 수학 교과서의 집필 책임자이셔서, 저자인 저는 그제야 마음을 놓을 수 있었습니다. 물론, 교과 단계를 넘나들거나 무리한 표현을 지적해 주신 감수 내용은 모두 받아들이고 수정하여 초등 수학 교육 기준에 맞추었습니다. 이 시리즈의 완성도를 높여 주신 김판수 교수님께 감사 드립니다.

앞서 출간된 『로로로 초등 과학』 시리즈와 마찬가지로 이 수학 시리즈도 초등 수학 교과서의 단원 순서에 맞추어 썼습니다. 다만 아시다시피, 초등 수학 교과서는 덧셈, 뺄셈, 곱셈, 나눗셈의 연산 단원은 학기별, 학년별로 어려움의 정도를 높여 반복하여 익히도록 가르치고 있습니다. 하지만, 『로로로 초등 수학』 시리즈는 문제 풀이를 위한 익힘 학습서가 아니기에 '덧셈, 뺄셈, 곱셈, 나눗셈'은 그 개념들을 중심으로 딱 한 번씩만 다루었습니다. 그래야 이 로로로 시리즈의 성격을 분명히 하는 것이라고 믿었기 때문입니다. 개념은 그 원리를 알아차리고 이해하는 것이 중요하고, 문제 풀이는 자꾸 반복해야 잘 익힐 수 있으니, 익힘은 따로 준비하시기 바랍니다.

수학 시리즈의 편집 구성도 『로로로 초등 과학』 시리즈와 같습니다. 시리즈의 부제목이 그것을 말해 주고 있습니다. 따라서, 그야말로 '동시로 생각하고, 수필로 이해하고, 문제로 논술하는' 것이 이 시리즈 각 장의 구성입니다. 그중 단원 끝에 내놓은 서술형 두 문제는 정답을 목적 삼지 않아서, 독자 스스로가 생각한 것을 자유롭게 쓰면 됩니다. 그것으로 충분한 의미가 있다고 저는 믿습니다. 생각은 자유로울수록 멀리 가고 오래 가기 때문입니다. 밭이 넓고 걸수록 넝쿨 줄기도 멀리 뻗어 나가고 그 뿌리도 굵게 여뭅니다. 밭에 정성 들인 농부가 땅속에서 자란 고구마를 다발째 수확하듯, 모쪼록 독자 여러분도 수학의 보랏빛 뿌리를 줄줄이 만나시기 바랍니다.

저자 윤병무

1 '나누어 떨어지는 수'와 '갑절이 되는 수'

곱셈구구는 여러 모로 쓸모 있어요.
곱셈식처럼 수의 크기가 갑절씩 커지는 수를
무엇이라고 할까요?
나눗셈도 여러 모로 쓸모 있어요.
나눗셈했을 때, '나머지'가 생기지 않고
'몫'으로만 나누어떨어지는 수를
무엇이라고 할까요?
배수와 약수에 관하여 알아보아요.

약수와 배수

자연수의 우주

아주아주 오래전에
자연수의 우주가 탄생했어요.
자연에서 생겨난 **수**여서 이름이
자연수였어요.

자연수의 우주도 빅뱅으로 시작했어요.
자연수의 빅뱅은
1에서 시작되었어요.

자연수의 우주는 **배수**로 커졌어요.
1은 1의 첫 번째 배수였어요.
이후 2, 3, 4, 5, 6, 7, 8, 9, 10……
1의 배수는 끝없이 커졌어요.

1의 배수가 무수히 생겨나

자연수가 무한해지자
모든 자연수에 **배수**가 나타났어요.
2, 4, 6, 8, 10, 12……는
2의 배수가 되었고,
3, 6, 9, 12, 15, 18……은
3의 배수가 되었어요.

배수가 생겨나니 **약수**도 나타났어요.
배수는 갑절이 되는 수였지만
약수는 나누어떨어지는 수였어요.

뭐든 약속하면 군말이 필요 없듯이
어떤 수를 나누면 몫만 떨어지는 수가
약수였어요. 그래서
24의 약수는
1, 2, 3, 4, 6, 8, 12, 24였고,

20의 약수는

1, 2, 4, 5, 10, 20이었어요.

자연수의 우주에 배수와 약수가 많아지자
배수는 배수의 '같은 수'끼리 어울려
엄청나게 큰 은하가 되었고,
약수는 약수의 '같은 수'끼리 뭉쳐서
작은 별이 되었어요.

'같은 수'끼리 함께한
배수의 은하는 계속 커졌어요.
2의 배수와 3의 배수인 은하는
6, 12, 18, 24, 30, 36……이었으니까요.

'같은 수'끼리 함께한 배수의
은하 이름은 공배수였어요.

2의 배수와 **3의 배수**인 은하는 왕 대신에
그중 가장 작은 수 **6**을
어린 왕자로 삼았어요.
공배수 중에서 가장 큰 수는
알 수 없었기 때문이에요.
그래서 어린 왕자의 이름을
최소공배수라고 지었어요.

약수에는 별이 생겼어요.
약수의 별은 배수의 은하에 비하면
훨씬 작았어요. 이를테면
24와 20의 약수인 별에는
1과 2와 4뿐이었으니까요.

'같은 수'끼리 뭉친 약수의
별 이름은 **공약수**였어요.

24와 20의 약수인 별은
그중 가장 큰 수인 4를
왕으로 삼았어요.
공약수 중에서 가장 큰 수는
알 수 있었으니까요.
그래서 왕의 이름을
최대공약수라고 지었어요.

오늘도 자연수의 우주에는
커져만 가는 배수의 은하도 있고
단단히 뭉친 약수의 별도 있어요. 그래서
배수에는 어린 왕자가 살고 있고
약수에는 왕이 살고 있어요.

곱셈구구를 해 볼까요? '2의 단'이든, '3의 단'이든 모든 단의 수는 갑절씩 커져요. (갑절이라는 순우리말은 '어떤 수나 양을 두 번 합한 만큼'이라는 뜻이에요) '2의 단'에서는 2, 4, 6, 8, 10…… 이렇게 2에서 시작한 수가 2의 1배씩 커져요. '3의 단'에서도 3, 6, 9, 12, 15…… 이렇게 3에서 시작한 수가 3의 1배씩 커져요. 이처럼 어떤 수가 1배씩 커지는 수를 '배수'라고 해요. 배수(倍數)의 뜻은 한자로 읽으면 이해하기 쉬워요. 갑절 배(倍), 셀 수(數)이거든요.

따라서, 어떤 수의 배수는 그 수의 곱셈구구와 같아요. 그 수가 '9의 단'보다 더 큰 수라고 해도 말이에요. 이를테면, '20의 배수'는 '20의 단'과 같아요. 그래서 20의 배수는 20, 40, 60, 80…… 이렇게 20의 1배씩 커져요. 1배씩 늘어날 때마다 20만큼씩 커지는 거예요. 다시 말하면, 20을 1배 한 수는 20×1과 같고, 20을 2배 한 수는 20×2와 같고, 20을 3배 한 수는 20×3과 같아요. 그러고 보면, =='어떤 수'의 배수 중에서 가장 작은 수는 '어떤 수' 자신==이에요. 20의 배수 중에서 가장 작은 수는 바로 20이니까요. 그러면 어떤 수의 배수 중에서 가장 큰 수는 무엇일까요? 배수의 수는 끝없이 커지기 때문에 가장 큰 수가 무엇인지는 알 수 없어요. 어떤 수이든 배수는 셀 수 없이 많으니까요.

그런데 어떤 수의 배수와 또 다른 어떤 수의 배수 중에는 공통되는 수도 있어요. 이를테면 4의 배수와 6의 배수 중에는 '같은 수'가 있어요. 4의 배수는 4, 8, 12, 16, 20, 24, 28, 32, 36, 40……이에요. 6의 배수는 6, 12, 18, 24, 30, 36, 42, 48, 54, 60……이에요. 4의 배수와 6의

배수에서 공통되는 수를 찾아보아요. 찾았나요? 그래요. 그 수는 12, 24, 36······이에요. 이처럼 둘 이상의 배수 중에서 공통되는 수를 공배수라고 해요. 방금 확인했듯이, 4의 배수와 6의 배수에서 공배수는 12, 24, 36······이에요.

그러면 4의 배수와 6의 배수에 나타난 공배수에서 가장 큰 수는 무엇일까요? 3,600,000일까요? 3,600,012도

20의 배수는 20, 40, 60, 80······ 이렇게 20의 1배씩 커져요. 20을 1배 한 수는 20×1과 같고, 20을 2배 한 수는 20×2와 같고, 20을 3배 한 수는 20×3과 같아요.

4의 배수와 6의 배수의 공배수이고, 그 공배수보다 더 큰 공배수는 셀 수 없이 많으니, 공배수 중에서 가장 큰 수는 알 수 없어요. 하지만 공배수 중에서 가장 작은 수는 알 수 있어요. 4의 배수와 6의 배수의 공배수 중에서 가장 작은 수는 12이니까요. 이렇듯 어떤 공배수 중에서 가장 작은 수를 최소공배수라고 해요. 최소(最小)의 한자는 가장 최(最), 작을 소(小)예요. 이 한자에서 알 수 있듯이, 최소공배수는 어떤 공배수 중에서 '가장 작은 수'를 뜻해요.

약수는 무엇일까요? 약수(約數)의 한자는 묶을 약(約), 셀 수(數)예요. 그래서 약(約)이라는 말은 '묶는다', '매듭 짓는다'라는 뜻이에요. 잘 묶은 것에는 군더더기가 없어요. '덧붙은 것'이 없다는 말이에요. 그래서 잘 묶은 매듭은 깔끔해요. 이 말뜻을 생각하면서 약수의 말뜻을 알아 보아요.

　앞서 알아보았듯이, 배수는 곱셈식과 같아요. 반면에 약수는 나눗셈식과 같아요. 다만, 약수는 '나머지'가 생기지 않는 나눗셈의 '몫'과 같은 수예요. 나눗셈에서 '나머지'가 생기지 않으려면 '덧붙은 것'이 없이, 딱 나누어떨어져서 '몫'만 남아야 해요. 그 '몫'이 약수예요. 다시 말하면, ==어떤 수를 나누어떨어지게 하는 수를 그 수의 약수==라고 해요. 이를테면, 8의 약수는 1, 2, 4, 8이에요. 왜냐하면, 8을 어떤 수로 나누었을 때 나누어떨어지게 하는 수는 1, 2, 4, 8뿐이기 때문이에요. 8÷8=1, 8÷4=2, 8÷2=4, 8÷1=8이니까요. 이 말은 1, 2, 4, 8이 아닌 다른 수는 8의 약수가 되지 못한다는 뜻이에요. 8÷3, 8÷5, 8÷6, 8÷7…… 이렇게, 8을 3, 5, 6, 7……로 나누면 '나머지'가 생기기 때문이에요.

　배수에 공배수가 있듯이, 약수에도 공약수가 있어요. 그런데, 공배수가 둘 이상의 배수 중에서 공통되는 수인 반면에, ==공약수는 둘 이상의 약수 중에서 공통되는 수예

약수(約數)

요. 이를테면 8의 약수와 12의 약수 중에는 '같은 수'가 있어요. 8의 약수는 1, 2, 4, 8이에요. 12의 약수는 1, 2, 3, 4, 6, 12예요. 8의 약수와 12의 약수에서 공통되는 수를 찾아보아요. 찾았나요? 그래요. 그 수는 1, 2, 4예요. 이처럼 둘 이상의 약수 중에서 공통되는 수를 '공약수'라고 해요. 방금 확인했듯이, 8의 약수와 12의 약수에서 공약수는 1, 2, 4예요.

그러면 8의 약수와 12의 약수에 나타난 공약수에서 가장 큰 수는 무엇일까요? 그것은 앞서 확인했듯이, 4예요. 이렇듯 어떤 공약수 중에서 가장 큰 수를 최대공약수라고 해요. 최대(最大)의 한자는 가장 최(最), 큰 대(大)예요. 이 한자에서 알 수 있듯이, 최대공약수는 어떤 공약수 중에서 '가장 큰 수'를 뜻해요. 그런데, 공배수를 알아볼 때는 '최소공배수'를 찾아보았는데, 공약수를 알아볼 때는 왜 '최소공약수'는 찾아보지 않는 걸까요? 그 이유는, 어떤 공약수이든 최소공약수는 1이기 때문이에요.

모든 공약수는 1에서 시작되니까요. 56789이든, 98765이든, 아무리 복잡하고 큰 수라도 1로 나누면 나누어떨어지잖아요. 그래서 어떤 수의 약수 중에서 가장 작은 수는 1이어서, 1은 모든 수의 약수예요. 반면에, '어떤 수'의 약수 중에서 가장 큰 수는 바로 '어떤 수' 자신이에요.

배수와 약수는 어느 때 사용하는 수학일까요? 어느 마을 입구에 개울이 있어서, 마을 사람들은 몇 년에 한 번씩 모여서 그동안 낡아진 나무다리를 새로 놓아요. 개울의 폭이 20m이어서, 마을 사람들은 다리 양쪽에 나무다리 기둥을 2m마다 2개씩(한 쌍씩) 세우기로 했어요. 20m는 2m의 10배이고, 다리 양쪽에 나무다리 기둥을 2개씩 세워야 하니까, 나무다리 기둥은 40개가 필요했어요. 어때요, 이 이야기를 읽는 동안에 알아차렸나요? 그래요, 이때 사용하는 수학이 '배수'예요.

그럼 나무다리 기둥이 부족할 때는 어떻게 하면 좋을

까요? 40의 약수를 찾아보면 쉽게 결정할 수 있을 거예요. 40의 약수는 무엇인가요? 40을 어떤 수로 나누었을 때 나누어떨어지게 하는 수가 40의 약수이니까, 1, 2, 4, 5, 8, 10, 20, 40이에요. 따라서, (나무다리 기둥이 부족하니까 40을 제외한) 40의 약수 중에서 어떤 수를 정하여 일정한 간격으로 나무다리 기둥을 세우면 되어요. 만약에 나무다리 기둥이 20개뿐이라면, (2m의 2배인) 4m 마다 2개씩(한 쌍씩) 세우면 될 거예요. 물론, 그렇게 나

개울의 폭이 20m 이어서, 다리 양쪽에 나무다리 기둥을 2m마다 2개씩(한 쌍씩) 세우기로 했어요. 20m는 2m의 10배이고, 다리 양쪽에 나무다리 기둥을 2개씩 세워야 하니까, 나무다리 기둥은 40개가 필요해요.

무다리 기둥을 세워도 안전하다면 말이에요. 이처럼 수학은 수학 자체만이 아니라, 우리 생활에 꼭 필요하기에 꼭 배워야 하는 교과목이에요.

• 아래의 두 물음을 읽고
  스스로의 생각을 자유롭게 써 보아요.

1. 8의 약수는 1, 2, 4, 8이어서 4개예요. 9의 약수는 1, 3, 9여서 3개예요. 9는 8보다 더 큰 수인데도 왜 약수의 개수는 8의 약수보다 더 적은 걸까요?

2. 자신의 수와 1 말고는 약수가 전혀 없는 수도 있을까요? 있다면, 그 수들은 무엇일까요?

2

'일정한 변화'와 '짝을 이루는 관계'

어떤 모양에는 어떤 규칙이 있어요.
또 어떤 두 대상에는 서로가 짝을 이루는
관계가 있어요.
서로 짝을 이루는 관계에는
어떤 특징과 조건이 있는지 알아보아요.
또 서로 짝을 이루는 관계를
어떤 방식으로 나타낼 수 있는지도
알아보아요.

규칙과 대응

너는야, 나는야

너는야 어떤 **규칙**
나는야 그것의 **대응**

너는야 알람 시계
나는야 알람 소리

너는야 전등 스위치
나는야 꺼짐과 켜짐

너는야 수도꼭지
나는야 찬물과 더운물

너는야 한쪽으로 들린 아빠의 엉덩이
나는야 나팔 소리 방귀

너는야 봄날 아침 공기
나는야 엄마의 재채기

너는야 성급한 식사
나는야 멈추지 않는 딸꾹질

너는야 현관문 손잡이
나는야 닫힘과 열림

너는야 두발자전거
나는야 앞바퀴와 뒷바퀴

너는야 건널목 신호등
나는야 빨간불과 파란불

너는야 버스 정류장

동시로 생각하고

나는야 정차하는 버스

너는야 산책길 반려견의 한쪽 다리
나는야 노상 방뇨

너는야 축구 골대
나는야 축구공

너는야 컴퓨터 게임
나는야 시간을 잊은 아이

너는야 엄마의 꾸지람
나는야 무거운 마음

너는야 할머니의 타이름
나는야 가벼워지는 마음

　태극기의 모양을 떠올려볼까요? 태극기 한가운데에는 '태극' 모양이 있어요. 태극 모양을 둘러싼 위쪽에는 ☰ 모양과 ☱ 모양이 있고요, 아래쪽에는 ☵ 모양과 ☷ 모양이 있어요. 태극 모양을 포함한 이 다섯 가지 모양에는 어떤 규칙이 있어요. 원 안에 굽은 선으로 그려 놓은 태극 모양에는 빨간색과 파란색으로 이등분한 규칙이 있어요. 또 태극기 상하좌우의 네 가지 모양인 ☰☱☵☷ 에도 규칙이 있어요. 긴 괘와 짧은 괘로 세 줄씩 정렬된 것이 그것이에요.

　태극기 모양뿐만 아니라, 세상 곳곳에는 여러 규칙이 있어요. 규칙이라는 말은 모양, 색깔, 문자, 수 같은 것의

태극 모양에는 규칙이 있어요. 원 안에 굽은 선으로 그려 놓은 태극 모양에는 빨간색과 파란색으로 이등분한 규칙이 있어요. 태극기 상하좌우의 네 가지 모양인 ☰☰ ☷☷ 에도 규칙이 있어요.

특징이나 조건이 일정하게 변하는 관계를 뜻해요. 그래서 규칙은 모양이나 색깔이 반복되어 나타나기도 하고, 어떤 수량이 일정하게 늘거나 줄어드는 관계로 나타나기도 해요. 모양이나 색깔의 규칙은 벌집 모양 같은 보도블록의 배열이나, 다섯 가지 색깔로 이어진 색동저고리에서도 발견할 수 있어요. 문자에서의 규칙은 ㄱㄴㄱㄴㄱㄴㄱㄴ……이나 AABBAABB……처럼 한글과 알파벳의 반복되는 배열에서 찾아낼 수 있어요. 수에서의 규칙은 1, 6, 11, 16, 21……같이 나열되는 수가 커질수록 5씩 늘어나는 것에서 알 수 있어요.

　규칙이 있는 것에 대응이 있기도 해요. 대응이라는 말 뜻은 둘 이상의 어떤 대상들이 관계나 규칙에 따라 서로 짝을 이루는 것이에요. 그래서 어떤 규칙의 대응은 모양이나 색깔로 나타나기도 하고, 수의 경우는 덧셈, 뺄셈, 곱셈, 나눗셈 같은 셈법으로 나타나기도 해요. 이를테면 앞의 동시에서처럼, 전등 스위치를 어느 한쪽으로 누르면 전등이 켜지고, 반대편으로 누르면 전등이 꺼지는 관계가 규칙의 대응이에요.

　또는 김치찌개를 끓이려고 한 통의 소시지를 칼로 자를 때, 비슷한 간격으로 칼질을 여덟 번 하면, 소시지는 아홉 토막이 되어요. 이때 칼질과 토막 수는 규칙과 대응의 관계가 되어요. 그래서 소시지를 일곱 번 자르면, 그 소시지의 토막 수는 여덟 토막이 되어요. 그럼, 소시지를 여섯 번 자르면 그 소시지의 토막 수는 몇 토막이 될까요? 그래요, 일곱 토막이에요. 이런 대응의 경우는 표를 만들어 보면 쉽게 확인할 수 있어요.

소시지를 자른 횟수	1회	2회	3회	4회	5회	6회	……
소시지의 토막 수	2토막	3토막	4토막	5토막	6토막	7토막	……

이 규칙과 대응의 관계는 무엇일까요? '소시지의 토막 수는 자른 횟수보다 1씩 늘어난다.'라고 말할 수 있을 거예요. 그런데, 이렇게 말로써 규칙과 대응의 관계를 나타낼 수도 있지만, 기호와 식으로 쓰면 더욱 분명하게 나타낼 수 있어요. 그러려면 기호에 대한 약속을 먼저 해야 해요. 이를테면, '소시지를 자른 횟수'를 □라고 약속해요. 그리고 '잘린 소시지의 토막 수'를 ○라고 약속해요. 이 두 기호를 가지고 규칙과 대응의 관계를 식으로 나타내 볼까요? 그 식은 ○=□+1 또는 □=○-1이 되어요. 이처럼 규칙과 대응의 관계는 말로 나타낼 수도 있고, 표로 나타낼 수도 있고, 식으로 나타낼 수도 있어요.

우리는 생활하면서 어떤 규칙과 대응의 관계를 잘 모

르면 낭패를 겪을 수도 있어요. 한 운전자가 차를 몰고 한 건물의 지하 주차장 입구로 들어갔는데, 나올 때 출구를 찾지 못하면 문제가 생길 수 있는 거예요. 지하 주차장을 지을 때는 입구와 출구를 구분하여 지어 놓았을 테니, 출구는 지하 주차장 안에 방향 표시를 해 놓았을 거예요. 그런데도 출구를 찾지 못하고 자칫 입구 통로로 차를 몰고 나온다면 교통사고로 이어질 수도 있을 거예요. 그러니 '입구'와 '출구'의 말뜻도 잘 알고 있어야 해요.

이런 일도 있을 거예요. 어떤 붕어빵 장수가 1,000원에 2개짜리 붕어빵을 온종일 팔아서 100,000원을 벌었다면, 그분은 이튿날에는 붕어빵을 200개 이상 만들 만큼의 재료를 준비해야 할 거예요. 100,000÷1,000×2=200이니까요. 따라서 붕어빵 장수가 준비할 재료의 양은 '예상 판매액÷1,000원×2개'를 만들 분량이 될 거예요. 붕어빵 장수가 이런 규칙과 대응의 관계를 잘 알고 있으면 밀가루와 팥소와 종이봉투를 준비할 때 도움이

될 거예요.

또 다른 일도 상상할 수 있어요. 어떤 사람의 나이는 그 사람이 태어난 연도를 알면 뺄셈으로 금방 알 수 있어요. (어떤 사람의 만 나이)=(올해의 연도)-(그 사람이 태어난 연도)라는 규칙과 대응의 관계가 있으니까요. 그래서 만약에 연세 많은 할머니께서 "올해 내 나이가 몇 살인지 가물가물하구나."라고 말씀하신다면, 할머니께

소시지를 칼로 자를 때, 칼질을 여덟 번 하면, 소시지는 아홉 토막이 되어요. 이때 칼질과 토막 수는 규칙과 대응의 관계가 되어요.

2 '일정한 변화'와 '짝을 이루는 관계'

서 태어나신 연도를 알고 있으면 곧바로 알려 드릴 수 있어요. 가령, 올해가 2020년이고, 할머니께서 태어나신 연도가 1922년이라면, 할머니의 연세는 만 98세인 거예요. 2020−1922=98이니까요. 이처럼 규칙과 대응의 관계는 우리 생활에서 자주 나타나는 수학이에요.

• 아래의 두 물음을 읽고
  스스로의 생각을 자유롭게 써 보아요.

1. 엄마의 나이와 내 나이의 차이를 □와 ○의 기호를 사용하여 뺄셈식으로 나타내 보세요.

2. 규칙과 대응의 관계를 말로는 나타낼 수 있는데, 표와 식으로는 나타내기 어려운 예가 있을까요? 있다면, 그것은 어떤 경우인가요?

3
분수를 간단히 하고, 분모를 같게 하는 법

분수의 크기를 간단하게 나타내는
방법은 무엇일까요?
분모가 서로 다른 분수들의 분모를 같게 만드는
방법은 무엇일까요?
분수의 크기를 간단하게
나타내는 방법을 알아보고,
서로 다른 분수의 크기를 비교하기
쉽게 하는 방법도 알아보아요.

약분과 통분

농부 형제

산골의 한 농부가 인생의 $\frac{9}{10}$가 되자
더는 농사지을 수 없게 되었어요.
늙은 농부는 아들 형제에게 말했어요.

"너희에게 밭을 나누어 줄 때가 되었다.
내가 평생 산비탈을 일구어 만든
비탈밭이니 열심히 농사지어라."

맏아들에게는
비탈밭의 $\frac{24}{48}$를 주었고,
막내아들에게는
비탈밭의 $\frac{26}{52}$을 주었어요.

맏아들은 자기가 받은 밭이
동생 것보다 작은가 싶었지만,

아버지께서 두 자리 수의 분수로 주셔서
밭의 크기를 비교하기가 어려웠어요.

길가에 서서 맏아들이 혼자 중얼거렸어요.
"$\frac{24}{48}$와 $\frac{26}{52}$ 중에서 어느 밭이 더 큰 거야?"

때마침 길을 지나가던 나그네 약분이
고민하는 맏아들의 혼잣말을 들었어요.
약분은 지팡이로 약분하며 말했어요.

"약분은 분수의 크기를 간단하게 나타내는 일이오.
먼저 $\frac{24}{48}$를 최대공약수로 약분해 보겠소.
24와 48의 최대공약수는 24이오.
$\frac{24}{48}$를 24로 약분하면
$\frac{24 \div 24}{48 \div 24} = \frac{1}{2}$이오.

$\frac{26}{52}$도 최대공약수로 약분하면 간단하오.

26과 52의 최대공약수는 26이오.

$\frac{26}{52}$을 26으로 약분하면

$\frac{26 \div 26}{52 \div 26} = \frac{1}{2}$이오.

이렇게 약분하면 둘 다 $\frac{1}{2}$이 되니

$\frac{24}{48}$와 $\frac{26}{52}$의 크기는 똑같소."

기약분수와 약분을 깨우친 맏아들은

아버지의 마음마저 깨닫고 부끄러웠어요.

막내아들도 자기가 받은 밭이

형의 것보다 작은가 싶었지만,

아버지께서 두 자리 수의 분수로 주셔서

밭의 크기를 비교하기가 어려웠어요.

막내아들은 개울가에 앉아 중얼거렸어요.

동시로 생각하고

"$\frac{24}{48}$와 $\frac{26}{52}$ 중에서 어느 밭이 더 큰 거야?"

몹시 목말랐던 나그네 **통분**이
때마침 찾은 개울물을 마시면서
고민하는 막내아들의 혼잣말을 들었어요.
통분도 지팡이로 통분하며 말했어요.

"통분은 분모들의 크기를 같게 하는 일이오.
$\frac{24}{48}$와 $\frac{26}{52}$의 **공통분모**를 만들어 보겠소.
그러려면 한쪽의 분모로
다른 쪽의 분모와 분자를 곱해야 하오.
$\frac{24}{48}$의 분모와 분자에는
다른 쪽의 분모인 52를 각각 곱하고,
$\frac{26}{52}$의 분모와 분자에는
다른 쪽의 분모인 48을 각각 곱하면 되오.
$\frac{24 \times 52}{48 \times 52} = \frac{1248}{2496}$이고

$\frac{26 \times 48}{52 \times 48} = \frac{1248}{2496}$이오.
이렇게 통분하면 둘 다 $\frac{1248}{2496}$이 되니,
$\frac{24}{48}$와 $\frac{26}{52}$의 크기는 똑같소."

공통분모와 **통분**을 깨우친 막내아들도

아버지의 마음마저 깨닫고 부끄러웠어요.

약분과 **통분**을 만난 그날 이후 형제는

아버지의 말씀대로 열심히 농사지었어요.

틈나는 대로 아버지처럼 산비탈도 일구었어요.

그렇게 10년이 지나자

맏아들의 밭은 물려받은 밭의

$\frac{1}{7}$만큼 더 커졌어요.

막내아들의 밭도 물려받은 밭의

$\frac{1}{7}$만큼 더 커졌어요.

동시로
생각하고

형제는 늘어난 밭 크기를 비교할 때
약분하거나 통분할 필요가 없었어요.

    1, 2, 3, 4, 5…… 등의 **자연수**에 수의 크기가 있듯이, $\frac{1}{2}, \frac{2}{3}, \frac{3}{4}, \frac{4}{5}$…… 등의 **분수**에도 수의 크기가 있어요. 그런데 자연수는 자연수 자체가 자기의 크기이지만, 분수는 분수가 다르더라도 크기는 같을 수도 있어요. $\frac{1}{2}$과 $\frac{2}{4}$는 서로 다른 분수이지만, 크기는 같듯이 말이에요. 그래서 분수는 자기의 분수를 크기가 같은 다른 분수로 나타낼 수 있어요. 이를테면, 8조각을 낸 피자의 분수를 모두 나타내면 $\frac{1}{8}, \frac{2}{8}, \frac{3}{8}, \frac{4}{8}, \frac{5}{8}, \frac{6}{8}, \frac{7}{8}, \frac{8}{8}$이에요. 그런데 $\frac{2}{8}$는 $\frac{1}{4}$과 크기가 같고, $\frac{4}{8}$는 $\frac{1}{2}$과 크기가 같고, $\frac{8}{8}$은 $\frac{1}{1}$과 크기가 같아요. 그래서 8조각을 낸 피자를 네 사람이 똑같이 나누어 먹으려면 $\frac{2}{8}$, 즉 2조각씩 나누어 먹으면 되고, 두 사람이 똑같이 나누어 먹으려면 $\frac{4}{8}$, 즉 4조각씩

나누어 먹으면 되어요.

　이처럼 분수는 필요에 따라서 크기가 같은 간단한 분수로 바꾸어 나타낼 수 있어서 편리해요. 그래서 한 자리 수로 이루어진 분수는 그 크기를 쉽게 알아차릴 수 있어요. 반면에, 앞의 동시 이야기처럼 두 자리 수 이상의 수로 이루어진 분수의 크기는 쉽게 알아차리기가 어려워요. 이를테면, 두 자리 수로 이루어진 분수 $\frac{18}{54}$은 한 자리 수로 이루어진, 같은 크기인 $\frac{1}{3}$로 바꾸어 나타내면 그 크기를 쉽게 알아차릴 수 있어요.

　그럼, 분수를 같은 크기로 만드는 방법은 무엇일까요? 그것은 곱셈이나 나눗셈을 사용해야 해요. 먼저 곱셈을 사용한 방법을 알아볼까요? 분모와 분자에 각각 0이 아닌 같은 수를 곱하면 크기가 같은 분수가 되어요. $\frac{1}{2}$의 분모와 분자에 각각 2를 곱하면 $\frac{2}{4}$가 되어요. $\frac{1}{2}$의 분모와 분자에 각각 3을 곱하면 $\frac{3}{6}$이 되고, 마찬가지로

4를 곱하면 $\frac{4}{8}$가 되어요. 이 관계를 식으로 나타내면, $\frac{1}{2}=\frac{2}{4}=\frac{3}{6}=\frac{4}{8}$이에요. 그러고 보면 곱셈을 사용하여 분수를 같은 크기로 만들면, 분수의 크기는 같아도 분모와 분자의 수는 커져요.

나눗셈을 사용한 방법도 알아볼까요? 분모와 분자를 각각 0이 아닌 같은 수로 나누면 크기가 같은 분수가 되어요. $\frac{8}{24}$의 분모와 분자를 각각 2로 나누면 $\frac{4}{12}$가 되어요. $\frac{8}{24}$의 분모와 분자를 각각 4로 나누면 $\frac{2}{6}$가 되고, 마찬가지로 8로 나누면 $\frac{1}{3}$이 되어요. 이 관계를 식으로 나타내면, $\frac{8}{24}=\frac{4}{12}=\frac{2}{6}=\frac{1}{3}$이에요. 그러고 보면 나눗셈을 사용하여 분수를 같은 크기로 만들면, 분수의 크기는 같아도 분모와 분자의 수는 작아져요. 그런데 생각해 보아요. 분모와 분자의 수가 큰 분수보다는 분모와 분자의 수가 작은 분수가 그 크기를 알아차리기가 쉽겠죠? 이런 필요 때문에 생겨난 수학이 '약분'이에요.

약분은 분모와 분자를 공약수로 나누어 간단한 분수로 만드는 일이에요. 공약수는 둘 이상의 약수 중에서 공통되는 수이고, 약수는 어떤 수를 나누어떨어지게 하는 수예요. 그러므로 약분하려면 먼저 분모의 약수를 찾고, 분자의 약수를 찾은 다음, 그 약수들의 공약수로 분모와 분자를 각각 나누면 되어요. 이를테면, $\frac{8}{24}$을 약분한다면, 분모 24와 분자 8의 공약수를 찾아야 하는데, 24와 8의 공약수는 1, 2, 4, 8이에요. 이 공약수 중에서 만약에 2를 선택하였다면, 2로 분모와 분자를 각각 나누어야 하고, 그렇게 하면 $\frac{4}{12}$로 약분되어요.

그런데, $\frac{4}{12}$는 더 간단한 분수로 만들 수 있겠죠? $\frac{4}{12}=\frac{2}{6}=\frac{1}{3}$이니까요. 그래서 약분할 때는 공약수 중에서 가장 큰 수인 최대공약수로 약분하면 가장 간단한 분수로 나타낼 수 있어요. 그러한 분수를 '기약분수'라고 해요. 다시 말하면, 기약분수는 분모와 분자의 공약수가 1뿐인 분수를 뜻해요. 그래서 더는 약분할 수 없는 분수

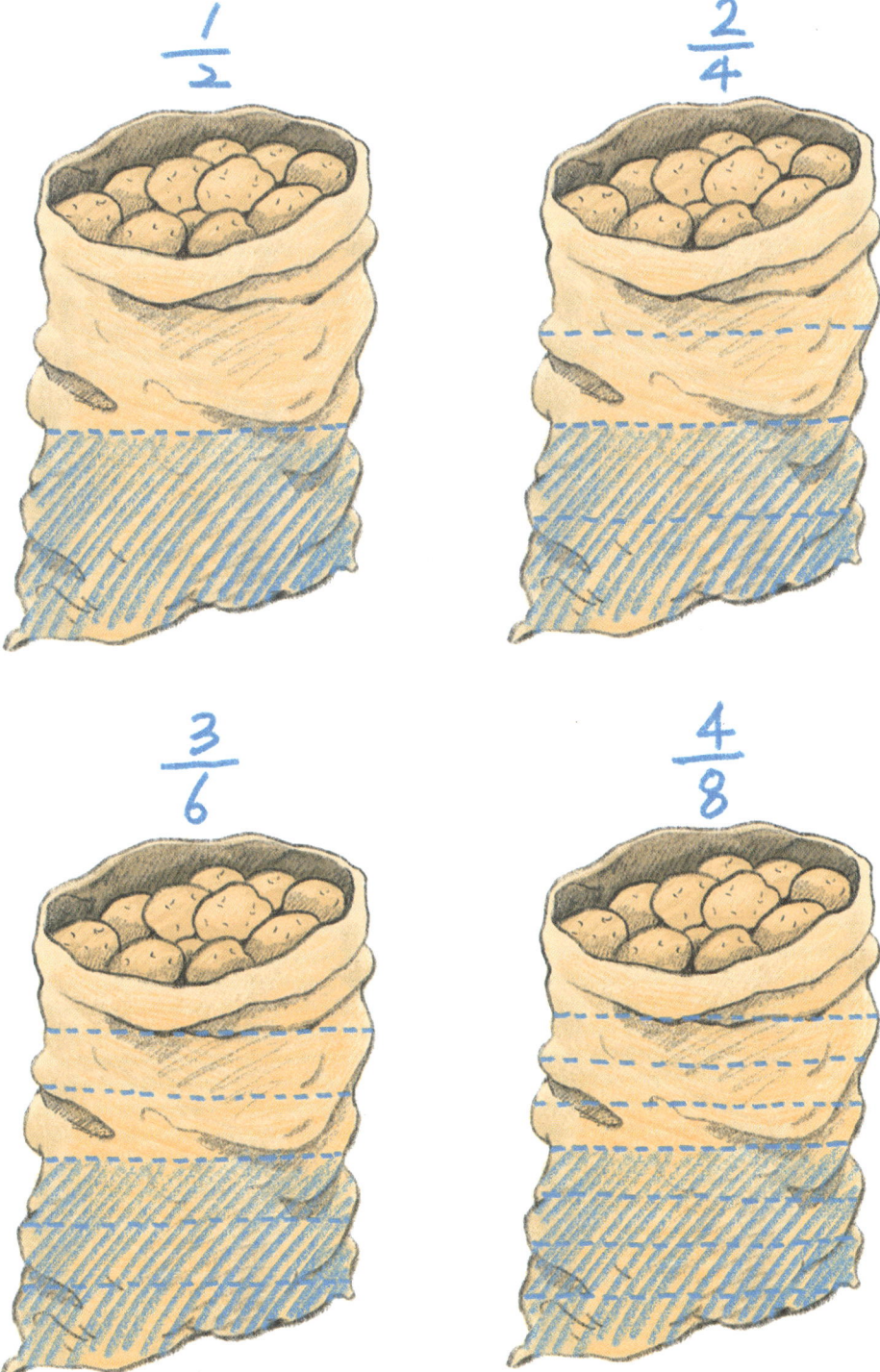

가 기약분수예요. 그리고 약분(約分)의 한자는 약수(約數)의 한자인 약(約)자와 같아요. 그래서 묶을 약(約), 나눌 분(分)이에요. '분수도 잘 묶으면' 모양이 간단해져요.

약분이 분수를 간단하게 나타내는 방법이라면, 통분은 둘 이상의 분수의 크기를 비교하기 쉽게 하는 방법이에요. 둘 이상의 분수의 크기를 쉽게 비교하려면 분모의 크기를 같게 하면 되어요. 분모의 크기가 같으면 분자의 크기만으로 분수의 크기를 쉽게 비교할 수 있으니까요. 그런 필요에서 생겨난 것이 통분이고, 통분은 분수의 분모를 같게 하는 일이에요. 그리고 통분한 분모를 '공통분모'라고 해요. 공통분모는 둘 이상의 서로 다른 분모의 수가 같은 수의 분모가 되었음을 뜻해요. 그럼 공통분모는 어떤 방법으로 만들 수 있으며, 통분은 어떻게 할까요?

어떤 분수를 같은 크기의 다른 분수로 만들 때 곱셈이나 나눗셈을 사용했듯이, 둘 이상의 분수에서 분모의 크

기를 같게 하는 방법에도 두 가지가 있어요. 그중 하나는 **둘 이상의 분모의 곱을 공통분모로 하여 통분하는 방법**이에요. 이를테면, $\frac{5}{8}$와 $\frac{7}{10}$의 크기를 비교할 때, 두 분모인 8과 10의 '곱'을 공통분모로 하여 통분할 수 있어요. $\frac{5}{8}$의 분모와 분자에는 비교할 분수의 분모인 10을 곱해요. 그러면 이 $\frac{5 \times 10}{8 \times 10} = \frac{50}{80}$이에요. 그다음, $\frac{7}{10}$의 분모와 분자에도 비교할 분수의 분모인 8을 곱해요. 그러면 $\frac{7 \times 8}{10 \times 8} = \frac{56}{80}$이에요. 따라서, 비교할 두 분수의 공통분모는 둘 다 80이 되고, 통분한 분수는 $\frac{50}{80}$과 $\frac{56}{80}$이 되어요. 그러므로, 두 분수의 크기를 비교하면 $\frac{50}{80} < \frac{56}{80}$이에요.

통분하는 두 번째 방법은 **두 분모의 최소공배수를 공통분모로 하여 통분하는 것**이에요. **최소공배수**는 어떤 공배수 중에서 가장 작은 수예요. **공배수**는 둘 이상의 배수 중에서 공통되는 수예요. 그러므로 이 방법으로 통분하려면 먼저 두 분모의 각각의 배수들을 찾고, 그중에서 공

분수를 같은 크기로 만드는 방법은 무엇일까요? 분모와 분자에 각각 0이 아닌 같은 수를 곱하면 크기가 같은 분수가 되어요. $\frac{1}{2}$의 분모와 분자에 각각 2를 곱하면 $\frac{2}{4}$가 되어요.

배수를 찾은 다음, 다시 최소공배수를 찾으면 그 최소공배수가 바로 공통분모가 되는 거예요. 그 최소공배수를 두 분수의 공통분모가 되게 하려면 각각의 분모에 어떤 수를 곱해야 해요. 그 수를 찾았다면 분모에 그 수를 곱하고 분자에도 같은 수를 곱해요. 비교할 분수도 마찬가지의 방법으로 통분하면 되어요.

그럼 앞에서 비교한 두 분수를 두 번째 방법으로 통분해 볼까요? 그 두 분수 $\frac{5}{8}$ 와 $\frac{7}{10}$ 이었어요. 8과 10의 최소공배수는 40이에요. 그래서 40이 공통분모예

요. 한쪽의 분모인 8이 40이 되려면 8에 5를 곱해야 해요. 분자에도 같은 크기인 5를 $\frac{5\times5}{8\times5}=\frac{25}{40}$ 곱하면, 가 되어요. 비교할 분수의 분모는 10이에요. 이 분수 역시 40이 공통분모예요. 따라서 10이 40이 되려면 10에 4를 곱해야 해요. 분자에도 같은 크기인 4를 $\frac{7\times4}{10\times4}=\frac{28}{40}$ 곱하면 이 되어요. 따라서, 두 분수의 공통분모는 40이 되고, 통분 $\frac{25}{40}$ 한 $\frac{28}{40}$ 분수는 와 이에요. 그러므로, 두 분수의 크기를 $\frac{25}{40}<\frac{28}{40}$ 비교하면 이에요. 그리고 이렇게 두 번째 방법으로 통분하면 공통분모의 크기가 가장 작은 분수가 만들어져요.

<mark>분수를 소수로 나타내는</mark> 방법도 있어요. 1보다 작은 소수는 0.1, 0.2, 0.3……처럼 '0.몇'이에요. 그 소수의 크기는 $\frac{몇}{10}$과 같아요. 그래서 0.1의 크기는 $\frac{1}{10}$과 같고, 0.2의 크기는 $\frac{2}{10}$와 같고, 0.3의 크기는 $\frac{3}{10}$과 같아요. 따라서, <mark>분수를 소수로 나타내려면, 먼저 분수의 분모를 10이 되게끔 만들어야 해요.</mark> 그래서 이를테면, $\frac{2}{5}$는 분

모에 2를 곱하여 분모를 10으로 만든 다음, 분자에도 2를 곱하여 4가 되게 해요. 즉 $\frac{2\times2}{5\times2} = \frac{4}{10}$이고, $\frac{4}{10} = 0.4$여서, 분수 $\frac{2}{5}$를 소수로 나타내면 0.4가 되는 거예요. 이처럼 분수를 소수로도 나타낼 수 있고, 분수와 소수의 크기도 비교할 수 있어요.

통분(通分)의 한자는 통할 통(通), 나눌 분(分)이에요. '분모를 통일한다.'라는 뜻으로 풀이할 수 있어요. 그것은 '서로 다른 분수의 분모를 공통되게 하는 일'이에요. 이처럼 분수의 크기를 비교할 때 통분이 필요하듯이, 가족 간이든, 친구 간이든 서로의 마음을 주고받으려면 옳고 그름을 따지기 전에 상대 마음을 먼저 이해해 주어야 해요. 상대를 위하는 공통된 마음이 없이는 상대의 마음 상태를 잘 알 수 없어요. 상대를 이해하려고 노력하는 마음은 분수의 분모를 같게 하는 일과 비슷하지 않을까요?

• 아래의 두 물음을 읽고
  스스로의 생각을 자유롭게 써 보아요.

1. 약분과 통분의 차이점은 무엇인가요?

2. 두 분모의 최소공배수를 공통분모로 하여 통분하는 방법은 어떤 분수들을 비교할 때 사용하면 더 좋을까요? 앞의 동시를 참고하여 써 보세요.

4
다각형의 '둘레'와 '넓이'를 구하는 법

다각형의 '둘레'는 어떻게 구할까요?
다각형의 '넓이'는 어떻게 구할까요?
'둘레'를 나타내는 단위는 무엇일까요?
'넓이'를 나타내는 단위는 무엇일까요?
다각형의 둘레와 넓이에 관하여
알아보아요.

다각형의
둘레와 넓이

둘레와 넓이

1. 둘레를 재는 길이

길이는 오늘도 줄자를 들고
여러 다각형의 둘레를 쟀어요.

모든 다각형의 둘레는
다각형을 이룬 변의 길이의 합이었어요.

길이가 첫 번째로 만난 삼각형의 둘레는
26cm였어요.
한 변은 7cm였고
다른 한 변도 7cm였고
또 다른 한 변은 12cm였거든요.

둘레를 재고 보니 그 삼각형은

이등변삼각형이자 둔각삼각형이었어요.

두 번째로 만난 다각형은 **정사각형**이었어요.
정사각형의 둘레는 16cm였어요.
한 변이 4cm였거든요.

정사각형은 네 변의 길이가 같아서 일일이
네 변의 길이를 더하지 않아도 되었어요.

길이가 세 번째로 만난 **마름모**의 둘레도
정사각형처럼 네 변의 길이가 같았어요.
그래서 마름모의 둘레도
(한 변의 길이)×4였어요.

네 번째로 만난 다각형은 **직사각형**이었어요.
직사각형의 둘레는 24cm였어요.

가로는 7cm였고
세로는 5cm였거든요.

직사각형은 마주하는 두 변의 길이가 같아서
직사각형의 둘레는
(가로의 길이+세로의 길이)×2였어요.

길이가 다섯 번째로 만난 **평행사변형**의 둘레도
직사각형과 마찬가지로
한 방향의 두 변의 길이가 같았고
다른 방향의 두 변의 길이가 같았어요.
그래서 평행사변형의 둘레도
(한 변의 길이+다른 한 변의 길이)×2였어요.

그러고 보니, 마름모는
정사각형을 한쪽으로 비튼 모양이었고,

평행사변형은
직사각형을 한쪽으로 비튼 모양이었어요.

2. 넓이를 재는 넓이

넓이는 오늘도 연필과 공책을 들고
어제 길이가 둘레를 재 놓은
여러 다각형을 찾아다녔어요.

모든 다각형의 넓이는
다각형을 이룬 넓이의 합이었어요.

넓이가 첫 번째로 만난 직사각형의 넓이는
24cm²이었어요.
'가로는 6cm'라고 쓰여 있었고
'세로는 4cm'라고 쓰여 있었거든요.

직사각형의 넓이는
(가로의 길이)×(세로의 길이)였어요.

넓이가 두 번째로 만난 평행사변형의 넓이는
28cm²이었어요.
'밑변은 7cm'라고 쓰여 있었고
'높이는 4cm'라고 쓰여 있었거든요.

평행사면형의 넓이는
직사각형의 넓이를 구할 때와 같았어요.
밑변은 가로의 길이에 해당했고
높이는 세로의 길이에 해당했어요.
그래서 평행사변형의 넓이는
(밑변)×(높이)였어요.

넓이가 세 번째로 만난 삼각형의 넓이는

20cm²이었어요.
'밑변은 5cm'라고 쓰여 있었고
'높이는 8cm'라고 쓰여 있었거든요.

삼각형의 넓이는
같은 삼각형 2개를 이어 붙인 것과 같은
평행사변형의 넓이의 $\frac{1}{2}$과 같았어요.
그래서 삼각형의 넓이는
(밑변)×(높이)÷2였어요.

넓이가 네 번째로 만난 사다리꼴의 넓이는
25cm²이었어요.
'윗변은 3cm'라고 쓰여 있었고
'아랫변은 7cm'라고 쓰여 있었고
'높이는 5cm'라고 쓰여 있었거든요.

사다리꼴의 넓이는
같은 사다리꼴 2개를 이어 붙인 것과 같은
평행사변형의 넓이의 $\frac{1}{2}$과 같았어요.
그래서 사다리꼴의 넓이는
(윗변+아랫변)×(높이)÷2였어요.

넓이가 다섯 번째로 만난 마름모의 넓이는
15cm²이었어요.
'한 대각선은 5cm'라고 쓰여 있었고
'다른 대각선은 6cm'라고 쓰여 있었거든요.

마름모의 두 대각선의 길이는
마름모를 둘러싼 것과 같은 직사각형의
가로와 세로의 길이와 같았어요.
그러므로 마름모의 넓이는
그 직사각형 넓이의 $\frac{1}{2}$과 같았어요.

그래서 마름모의 넓이는
(한 대각선의 길이)×(다른 대각선의 길이)÷2였어요.

3. 길이와 넓이의 만남

하루 일을 마친 길이와 넓이가
우연히 귀갓길에 만났어요.

줄자를 접고 있는 길이에게
넓이가 어깨를 으쓱이며 잘난 체했어요.

"길이야, 너는 둘레밖에 못 재지?
너는 cm와 m밖에 못 재지만,
나는 cm^2와 m^2를 잴 수 있어."

젠체하는 넓이의 말에 길이는

주머니에 넣으려던 줄자를 풀어 보이며
차분하고 당당하게 대답했어요.

"넓이야, 내가 길이를 알려 주지 않으면
너는 그 어떤 넓이도 잴 수 없어.
네가 길이를 모르는데,
어떻게 넓이를 알 수 있겠니?"

할 말을 찾지 못하는 넓이를 남겨 둔 채
길이는 길고 넓은 길을 따라
한 걸음 한 걸음 걸어갔어요.

　앞의 동시는 이 책의 동시 중에서 가장 길어요. 여러 다각형의 둘레와 넓이를 구하는 방법을 하나하나 나타내다 보니 동시가 길어졌어요. 그만큼 다각형의 둘레와 넓이를 구하는 방법은 다각형의 모양에 따라 여러 가지예요. 수많은 다각형 중에서 삼각형, 정사각형, 직사각형, 평행사변형, 마름모, 사다리꼴만을 살폈는데도, 다각형의 둘레와 넓이의 구하는 일은 다각형 모양의 조건에 따라 여러 가지였어요.

　다각형은 선분으로만 둘러싸인 도형이에요. 따라서 다각형에는 '굽은 선'은 없어요. 그래서 다각형의 둘레와 넓이를 구하는 방법은 비교적 쉬워요. 그럼, '둘레'와 '넓이'의 뜻부터 확인해 보아요. 다각형의 둘레의 뜻은 다각형의 각 변의 길이의 합이에요. 그래서 삼각형의 둘레는 '세 변의 길이의 합'이고, 사각형, 평행사변형, 마름모, 사다리꼴의 둘레는 '네 변의 길이의 합'이에요. 다각형의 넓이의 뜻은 각 변을 포함한 다각형 전체의 크기예요. 그래서 삼각형의 넓이는 '세 변을 포함한 삼각형 전체의 크기'이고, 사각형, 평행사변형, 마름모, 사다리꼴의 넓이는 '네 변을 포함한 (각각의 다각형) 전체의 크기'예요.

앞의 동시에서 다룬 여러 다각형의 둘레를 구하는 방법들을 좀 더 자세히 알아볼까요? 삼각형의 둘레를 구하는 방법은 '세 변의 길이'를 모두 합하면 되어요. 그런데 정삼각형은 세 변의 길이가 같으니까 '한 변의 길이'에 3을 곱하면 편해요. 이처럼 정삼각형뿐만 아니라, 정다각형은 변의 길이가 같으니까, '한 변의 길이'에 '모든 변의 수'를 곱하면 둘레를 알 수 있어요. 그리고 둘레의 단위는 길이의 단위와 같아요. 그것은 mm(밀리미터), cm(센티

미터), m(미터), km(킬로미터)이에요.

마름모의 둘레는 어떻게 구할까요? 마름모는 마치 비틀린 정사각형 같아서, 정사각형의 둘레를 구하는 방법과 같아요. 즉, 정사각형과 마찬가지로 마름모도 네 변의 길이가 같아서 '한 변의 길이'에 4를 곱하면 되어요. 이를테면, 어떤 마름모의 한 변의 길이가 4cm라면, 그 마름모의 둘레를 구하는 셈법은 4cm×4(변)=16cm예요.

직사각형의 둘레는 어떻게 구할까요? 직사각형은 가로의 길이와 세로의 길이가 다른 다각형이에요. 하지만, 가로이든 세로이든 마주 보는 두 변의 길이는 같아요. 따라서, 가로의 한 변의 길이와 세로의 한 변의 길이를 더한 다음에 2를 곱하면 되어요. 이 말을 식으로 나타내면, (가로의 길이+세로의 길이)×2예요. 예를 들면, 어떤 직사각형의 가로의 한 변의 길이가 7cm이고, 세로의 한 변의 길이가 5cm라면, 그 직사각형의 둘레를 구하는 셈법

마름모는 마치 비틀린 정사각형 같아서, 정사각형의 둘레를 구하는 방법과 같아요. 정사각형과 마찬가지로 마름모도 네 변의 길이가 같아서 '한 변의 길이'에 4를 곱하면 되어요.

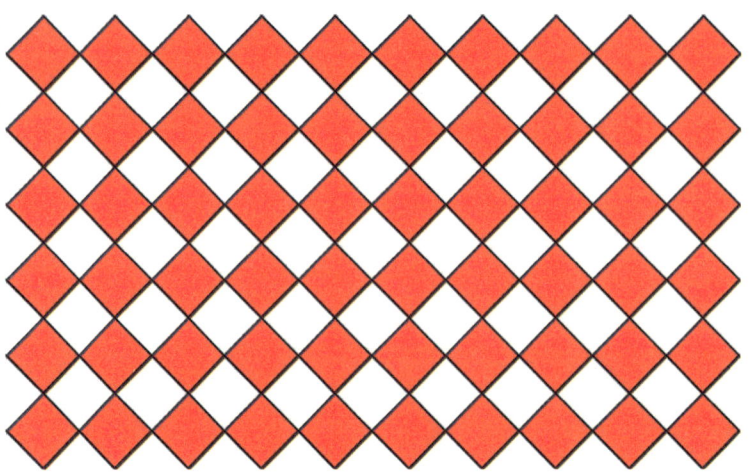

은 (7cm+5cm)×2=24cm이에요.

평행사변형의 둘레는 어떻게 구할까요? 평행사변형은 마치 비틀린 직사각형 같아서, **평행사변형의 둘레**도 직사각형과 마찬가지로 마주 보는 두 변의 길이가 같아요. 따라서, 한 방향의 한 변의 길이와 다른 한 방향의 한 변의 길이를 더한 다음에 2를 곱하면 되어요. 이 말을 식으로 나타내면, (한 변의 길이+다른 한 변의 길이)×2이에요.

이제는 다각형의 '넓이'를 구하는 방법을 알아보아요. 그러기 전에 먼저 넓이의 단위를 알아보아요. 넓이의 단

위는 둘레의 단위와는 달라요. 다각형의 둘레는 다각형의 '각 변의 길이의 합'이어서 길이의 단위로 나타내지만, 다각형의 넓이는 다각형의 '각 변을 포함한 다각형 전체의 크기'여서 길이만으로는 나타낼 수 없기 때문이에요. 그래서 넓이의 단위는 '(어떤 크기의) 정사각형의 넓이'를 사용해요. 그 '(어떤 크기)'는 '한 변이 얼마큼인 길이'를 뜻해요. '한 변의 길이가 1cm'인 정사각형의 넓이는 $1cm^2$라고 쓰고, 1제곱센티미터라고 읽어요. '한 변의 길이가 1m'인 정사각형의 넓이는 $1m^2$라고 쓰고, 1제곱미터라고 읽어요. '한 변의 길이가 1km'인 정사각형의 넓이는 $1km^2$라고 쓰고, 1제곱킬로미터라고 읽어요.

이처럼 다각형의 넓이는 네 변의 길이가 같은 정사각형의 '어떤 넓이'를 기준으로 삼아서 알기 쉽게 나타낼 수 있어요. 정사각형의 '어떤 넓이'의 기준은 $1cm^2$, $1m^2$, $1km^2$지만, 정사각형인 모눈 1개의 길이가 1cm인 모눈종이를 사용하여 넓이를 구하면 이해하기 쉬워요. 어떤

길이

넓이

정사각형의 한 변이 모눈 5개의 길이에 해당해서 5cm라면, 그 정사각형은 네 변이 각각 5cm라는 뜻이고, 그 네 변으로 이루어진 정사각형을 채운 모눈은 ▦ 모양처럼 25개예요. 따라서 그 **정사각형의 넓이**는 25cm²이에요. 이 말을 셈법으로 나타내면 5cm×5cm=25cm²이에요. 이 셈법은 (한 변의 길이)×(한 변의 길이)=(정사각형의 넓이)라는 식으로 나타낼 수 있어요.

그럼, **직사각형의 넓이**를 구하는 방법을 알아보아요. 직사각형은 가로와 세로의 길이가 서로 달라요. 그래서 직사각형은 **가로의 길이와 세로의 길이를 곱해야** 그 넓이를 구할 수 있어요. 예를 들면, 어떤 직사각형의 가로의 길이가 7cm이고, 세로의 길이가 5cm라면, 그 직사각형의 넓이를 구하는 셈법은 7cm×5cm=35cm²이에요. 따라서 이 셈법은 (가로의 길이)×(세로의 길이)=(직사각형의 넓이)라는 식으로 나타낼 수 있어요.

==평행사변형의 넓이==는 ==직사각형의 넓이를 구하는 방법과 같아요.== 다만, 평행사변형은 직사각형처럼 도형을 이룬 각이 90°가 아니어서 모눈종이에 그리면, 마주하는 한쪽 변은 모눈을 채우지 않고 사선을 이루어요. 그래서 그 변을 '가로'와 '세로'라고 일컬을 수 없어요. 그 대신에 가로에 해당하는 마주하는 변은 ==밑변==이라고 하고, 세로에 해당하는 마주하는 변은 ==높이==라고 해요. 그래도 직사각형과 마찬가지로, 평행사변형의 넓이를 구하는 식은 ==(밑변)×(높이)=(평행사변형의 넓이)==이에요.

 삼각형의 넓이는 평행사변형의 넓이를 이용하여 구할 수 있어요. 삼각형의 넓이는 삼각형을 180° 돌린, 같은 삼각형을 이어 붙인 것과 같은 평행사변형의 넓이의 $\frac{1}{2}$과 같기 때문이에요. 따라서 ==삼각형의 넓이==는 ==같은 두 삼각형을 이어 붙인 것과 같은 평행사변형의 넓이의 절반==이에요. 식으로 나타내면 (밑변)×(높이)÷2이에요.

　사다리꼴의 넓이도 평행사변형의 넓이를 이용하여 구할 수 있어요. 사다리꼴의 넓이는 사다리꼴을 뒤집은, 같은 사다리꼴을 이어 붙인 것과 같은 평행사변형의 넓이의 $\frac{1}{2}$과 같기 때문이에요. 따라서 사다리꼴의 넓이는 같은 두 사다리꼴을 이어 붙인 것과 같은 평행사변형의 넓이의 절반이에요. 다만, 사다리꼴은 평행사변형과는 달라서 마주 보는 밑변에 해당하는 길이가 같지 않아요. 즉, 윗변의 길이와 아랫변의 길이가 달라요. 그래서 평행사변형의 넓이를 구할 때처럼 '밑변'을 '높이'에 곱하는 대신에, '윗변과 아랫변을 더한 길이'를 '높이'에 곱해야 해요. 이 말을 식으로 나타내면 (윗변+아랫변)×(높이)÷2이에요.

　마지막으로, 마름모의 넓이를 구하는 방법을 알아보아요. 마름모의 두 대각선의 길이는 ◆ 모양처럼 마름모를 둘러싼 것과 같은 직사각형의 가로와 세로의 길이와 같아요. 그런데 마름모는 그 직사각형을 절반만 채운 셈이에요. 그러므로 마름모의 넓이는 마름모를 둘러싼 것과 같은 직사각형의 넓이의 $\frac{1}{2}$이에요. 이 말을 식으로 나타내면 (한 대각선의 길이)×(다른 대각선의 길이)÷2이에요.

이처럼, 다각형의 둘레와 넓이를 구하는 방법은 어떤 다각형이냐에 따라 여러 가지여서 조금 복잡해요. 하지만 둘레와 넓이를 구하지 못하면 어떤 물건의 크기를 정확하게 알아내지도 못하고, 집을 짓거나 학교를 짓거나 다리를 건설하는 일도 무척 힘들 수밖에 없어요. 그래서 둘레와 넓이를 이해하는 일은 중요해요. 다행히 수학이 있어서, 우리 인류는 그 일을 잘 해낼 수 있게 되었어요. 수학은 수와 공간을 탐구하는 학문이에요.

• 아래의 두 물음을 읽고
  스스로의 생각을 자유롭게 써 보아요.

1. 제곱센티미터(cm^2)에 비해 제곱미터(m^2)와
   제곱킬로미터(km^2)의 넓이는 각각 몇 배씩 클까요?

2. 다각형의 둘레를 구할 때는 주로 덧셈을 이용하는데,
   다각형의 넓이를 구할 때는 주로 곱셈을 이용해요.
   왜 그럴까요?

5
어림하여 '수의 범위'를 나타내는 법

'이상'의 말뜻과 '초과'의 말뜻에는
어떤 차이가 있을까요?
'이하'의 말뜻과 '미만'의 말뜻에는
어떤 차이가 있을까요?
올림, 버림, 반올림은 각각 어느 때 사용하고,
어떻게 사용할까요?
수의 범위를 나타내는 '어림수'에 관하여
알아보아요.

수의 범위와
어림하기

어림 수목원

항상 **수**에 모여 있는 네 친구가 있어요.
네 친구의 이름은
이상, **이하**, **초과**, **미만**이에요.

네 친구가 **어림** 수목원에 소풍 갔어요.
어림 수목원은 자연을 보전하기 위하여
하루 방문객을 1000명 **이하**만 받았어요.

수목원 입구에는 긴 줄이 서 있었어요.
네 친구가 받은 입장권의 번호는 각각
997, 998, 999, 1000이었어요.

네 친구는 간신히 입장할 수 있었어요.
만약에 수목원에서 입장객을
1000명 **미만**만 받았다면 1명이 **초과**하여 어림 수목원 소풍은 어림없었을 거예요.

어림 수목원 바깥의 길가에는
산나물을 파는 작은 노점들이 있었어요.
3.3m² 미만의 노점들의 이름은
올림, 버림, 반올림이었어요.

마음씨 좋은 노점상 할머니께서는
산나물 한 근을 사는 손님에게
덤으로 한 줌을 더 주셨어요.

할머니는 산나물을 반 근 이상만 파는데
한 줌의 덤은 반 근이 안 되었어요.
덤의 분량이 반 근이 안 되니
할머니는 한 줌을 버림 하신 셈이에요.

산나물 한 근 값은 7000원이었지만
마음 착한 손님은
더덕 같은 할머니 손에
값을 올림 하여 10000원을 쥐여 드렸어요.

할머니는 반 근이 안 되는 한 줌을
내려서 반올림하셨고,
손님은 10000원이 안 되는 7000원을
올려서 반올림했어요.

이름이 너무 엄격한 네 친구
이상, 이하, 초과, 미만은 느꼈어요.
버림과 올림의 뜻은 서로 달라도
인정은 반올림이라는 것을요.

　앞의 동시에서 어림 수목원은 하루 입장객을 1000명까지만 받았어요. 너무 많은 사람이 수목원을 드나들면 수목원 환경에 나쁜 영향을 줄 수도 있을 테니까요. 그래서 매표소 앞에는 이런 알림 글이 붙어 있었을 거예요. '하루 입장객: 1000명 이하.' 이 알림을 풀어 쓰면 '하루 입장객을 1000명까지만 받습니다.'이에요. '이하'라는 말을 쓰면서 알림 글이 간단해졌어요. '이하'는 '이상'의 반대말이에요. 그리고 이 두 말은 항상 '어떤 수량의 범위'를 나타낼 때 사용해요. 그럼, 이 두 낱말의 정확한 말뜻을 알아볼까요?

　이상은 어떤 수량이나 정도가 일정한 기준과 같거나 더 큰 범위를 뜻해요. 이상(以上)의 한자는 써 이(以), 위 상(上)이에요. 그런데 이(以)의 뜻은 여러 가지예요. '~로써', '~를 가지고', '~에 따라', '~에 의해서', '~대로', '~때문에'라는 뜻도 있지만, '~부터'라는 뜻도 있어요. 낱말 이상(以上)에서 이(以)의 뜻이 바로 '~부터'예요. 그 뜻으로 한자 뜻을 풀면, '~부터 그 위의 (범위)'라고 말할 수 있어요. 그리고 '~부터'는 '~'을 포함한 범위여서, 이상은 '~와 같거나 더 큰 범위'를 뜻해요. 그래서, '1000 이상'인 자연수는 (1000을 포함하기 때문에) 1000, 1001, 1002, 1003……이에요.

'이상'의 반대말인 이하는 어떤 수량이나 정도가 일정한 기준과 같거나 더 작은 범위를 뜻해요. 이하(以下)의 한자는 써 이(以), 아래 하(下)예요. 마찬가지로 이(以)의 뜻은 '~부터'예요. 그래서 그 뜻으로 한자 뜻을 풀면, '~부터 그 아래의 (범위)'라고 말할 수 있어요. 마찬가지로, '~부터'는 '~'을 포함한 범위여서, 이하는 '~와 같

거나 더 작은 범위'를 뜻해요. 그래서, '1000 이하'인 자연수는 (1000을 포함하기 때문에) 1000, 999, 998, 997, ……, 1이에요. '이하'의 뜻이 그래서, 하루 입장객을 1000명 이하만 받는 어림 수목원은 하루에 1명~1000명까지 방문할 수 있어요.

이상과 이하는 '어떤 수량이나 정도가 일정한 기준을 포함'하는 뜻이지만, '미만'과 '초과'는 '어떤 수량이나 정도가 일정한 기준에 차지 못하거나 넘어서는 범위'를 뜻해요. 따라서, 초과는 어떤 수량이나 정도가 일정한 기준을 넘어서는 범위를 뜻해요. 초과(超過)의 한자는 뛰어넘을 초(超), 지날 과(過)예요. 그 뜻을 한자로 풀이하면 이해하기 쉬워요. '~을 뛰어넘어 지나간 (범위)'이니까요. 그리고 '~을 뛰어넘었다.'라는 뜻은 '~'을 벗어난 범위여서, 초과는 '~보다 더 큰 범위'를 뜻해요. 그래서, '1000을 초과'하는 자연수는 (1000을 뛰어넘었기 때문에) 1001, 1002, 1003……이에요.

반면에 미만은 어떤 수량이나 정도가 일정한 기준에 차지 못하는 범위를 뜻해요. 미만(未滿)의 한자는 아닐 미(未), 찰 만(滿)이에요. 이 뜻도 한자로 풀이하면 이해하기 쉬워요. '~에 차지 않은 (범위)'이니까요. 그리고 '~에 차지 않은'이라는 뜻은 '~'에 못 미치는 범위여서, 미만은 '~보다 더 작은 범위'를 뜻해요. 그래서, '1000 미만'의 자연수는 (1000에 못 미치기 때문에) 999, 998, 997, ……, 1이에요. 그러므로 만약에 어림 수목원에서 하루 입장객을 1000명 미만만 받는다면, 하루에 1명~999명까지만 방문할 수 있어요.

이제는 '올림'과 '버림'과 '반올림'에 관하여 알아볼까요? 올림, 버림, 반올림도 항상 '어떤 수량의 범위'를 나타낼 때 쓰는 말이에요. 다만, 올림, 버림, 반올림은 수의 범위를 필요에 따라 어림하여 나타내는 말이에요. 순우리말인 '어림하다.'라는 말은 '대강의 짐작으로 (수량의 정도를) 헤아린다.'라는 뜻이에요. 그럼, 순우리말인 '올

림'은 수학에서는 어떤 뜻으로 사용할까요? 예를 들게요. 손님 밥상을 차리시느라고 바쁜 엄마가 심부름을 시키셨어요. 슈퍼마켓에 가서 간장 1통을 사 오라는 거였어요. 그러면서 엄마는 아이에게 10000원짜리 지폐 1장을 주셨어요. 간장 가격은 8600원이었어요. 엄마는 사려는 간장 가격이 약 9000원가량 된다는 것을 아시고 넉넉하게 1400원을 '올림' 하여 10000원을 주셨던 거예요. 즉 엄마는 백의 자리와 천의 자리를 만의 자리로 올려서 돈을 주셨던 거예요. 이처럼 **어떤 수의 아래 자리의 수를 필요에 따라 올려서 나타내는 방법**을 **올림**이라고 해요.

'버림'은 '올림'의 반대로 쓰여요. 마찬가지로 순우리말인 '버림'은 수학에서는 어떤 뜻으로 사용할까요? '버림'도 예를 들게요. 엄마가 장조림을 만드시려고 한 근의 소고기와 30개짜리 달걀 한 판을 사 오셨어요. 냉장고의 달걀 보관함은 달걀을 18개까지 보관할 수 있어요. 그래서 엄마는 30개의 달걀 중에서 18개로는 보관함을 채우

고, 남은 12개로는 장조림용으로 끓는 물에 삶았어요. 엄마는 30개의 달걀 중에서 12개를 '버림' 하신 거예요. 이처럼 어떤 수의 아래 자리의 수를 필요에 따라 버려서 나타내는 방법을 버림이라고 해요.

'반올림'은 무엇일까요? 이 낱말에서 반(半)자는 한자예요. 절반 반(半)이죠. 그래서 글자만으로의 뜻은 '절반

엄마는 아이에게 10000원짜리 지폐 1장을 주셨어요. 간장 가격은 8600원이었어요. 엄마는 사려는 간장 가격이 약 9000원가량 된다는 것을 아시고 넉넉하게 1400원을 '올림' 하여 10000원을 주셨던 거예요.

5 어림하여 '수의 범위'를 나타내는 법

을 올림'이지만, 수학에서는 '버림'의 뜻도 포함해요. 즉, 어떤 수의 아래 자리의 수가 0, 1, 2, 3, 4이면 버리고, 5, 6, 7, 8, 9이면 올려서 나타내는 방법을 반올림이라고 해요. 반올림도 예를 들게요. 어느 해 여름은 무척 더웠어요. 불볕더위는 날이 갈수록 더해져서 매일 전날 기록을 넘어섰어요. 전날 최고 기온이 섭씨 39.1도였을 때는 신문에 이렇게 나왔어요. '오늘 기온 39도 기록!' 이튿날 최

엄마는 30개의 달걀 중에서 18개로는 보관함을 채우고, 남은 12개로는 장조림용으로 끓는 물에 삶았어요. 엄마는 30개의 달걀 중에서 12개를 '버림' 하신 거예요.

고 기온은 섭씨 39.7도였을 때는 신문에 이렇게 나왔어요. '오늘 기온 40도 기록!' 이처럼 반올림은 어떤 수량이나 정도를 간단하게 나타내기 위하여 사용할 때가 많아요.

앞서 알아본 '이상, 이하, 초과, 미만'은 '어떤 수량이나 정도의 범위를 분명히 나타내기 위하여 사용하는 말'이에요. 그래서 '이상, 이하, 초과, 미만'은 말뜻에 맞게 잘 사용해야 하고, 잘 알아차려야 해요. 특히, 자칫 혼동할 수 있는 '이상과 초과', '이하와 미만'의 뜻을 잘 구별해야 해요. '올림, 버림, 반올림'은 '필요에 따라 어떤 수의 아래 자리의 수를 올리거나 버려서 수의 범위를 어림하여 나타내는 말'이에요. 그래서 지폐를 사용할 때도, 스포츠 경기의 기록을 나타낼 때도, 몸무게나 키의 정도를 나타낼 때도 적절하게 사용하면 나타내기도 간단하고 알아차리기도 쉬워요. 그렇다고, 키가 175cm인 아빠가 총각 때 엄마를 처음 만났을 때 "제 키요? 음…… 180cm

5 어림하여 '수의 범위'를 나타내는 법

쯤 돼요."라고 반올림하여 대답했다면 두고두고 놀림 받아요.

• 아래의 두 물음을 읽고
  스스로의 생각을 자유롭게 써 보아요.

1. '반올림'의 뜻에는 '버림'의 뜻도 포함되어 있어요. 어떤 수를 반올림할 때, 아래 자리의 수가 0, 1, 2, 3, 4이면 버리니까요. 그런데 그때는 왜 '반버림'이라고 일컫지 않을까요?

2. 국어에서는 '올림'의 반대말은 '내림'인데, 수학에서는 왜 '올림'의 반대를 '버림'이라고 할까요?

6
'모양과 크기'가 같으면 무엇이 될까?

두 도형의 모양과 크기가 같으면 무엇이라고 할까요?
한 도형에서 모양과 크기가 같은 짝을 이루려면 어떤 기준이 있어야 할까요?
'대응변'과 '대응점'과 '대응각'이 서로 같은 도형들의 조건에 관하여 알아보아요.

합동과 대칭

서로의 발견

신발 한 짝이 함박눈을 밟았어요.
함박눈 발자국이 **합동**이었어요.

함박눈이 신발 한 짝을 올려다보았어요.
신발 한 짝의 밑바닥이 **합동**이었어요.

방패연이 안경 너머로 떠올랐어요.
방패연의 상하좌우가 **대칭**이었어요.

방패연이 안경을 내려다보았어요.
안경의 좌우가 **대칭**이었어요.

클로버 카드가 하트 카드 옆에 앉았어요.
하트의 세로는 **선대칭도형**이었어요.

하트 카드가 클로버 카드를 곁눈질했어요.
클로버의 세로도 **선대칭도형**이었어요.

보름달이 마름모 별빛을 바라보았어요.
선명한 마름모 별빛은 **점대칭도형**이었어요.

마름모 별빛도 보름달을 바라보았어요.
보름달도 **점대칭도형**이었어요.

보름달이 다시 마름모 별빛을 보았어요.
마름모 별빛에는 **대응점**, **대응변**, **대응각**이 있었어요.

마름모 별빛도 다시 보름달을 보았어요.
보름달에는 **대응점**, **대응변**, **대응각**이 없었어요.

마름모 별빛이 자기 모양을 180° 돌리며 물었어요.

"보름달아, 너는 어떻게
대응점, 대응변, 대응각도 없이
합동도 될 수 있고
선대칭도형도 되고
점대칭도형도 되는 거야?"

보름달이 360° 자전하면서 대답했어요.

"합동은 도형의 모양과 크기가 같으면 되는 거고,
대응점, 대응변, 대응각은 다각형에만 있는 거고,
선대칭도형은 대칭축을 중심으로 직선으로 접었을 때
완전히 겹치면 되는 거고,
점대칭도형은 한 점을 중심으로 180° 돌렸을 때
원래 모양과 완전히 겹치면 되는 거잖아."

이어서 보름달은 대답을 마무리하였어요.

"지구에서 보면
나와 해는 모양과 크기가 같아서 합동이고,
나는 선대칭도형과 점대칭도형의 조건을 갖추었지만,
다각형은 아니거든."

우리가 사는 세상에 똑같은 것이 얼마나 있을까요? 주변을 둘러보아요. 모양도 똑같고, 크기도 똑같은 물건이 무척 많아요. 한 짝의 장갑, 양말, 슬리퍼, 젓가락, 배드민턴 라켓이 그렇고요, 똑같은 것이 여러 개인 빨래집게, 단추, 동전, 지폐, 과자 상자, 유리창, 신호등, 보도블록, 타이어, 색종이, 블록 레고, 5학년 2학기 수학 교과서뿐만 아니라 종이컵, 생수병, 통조림, 슬라이스 치즈 등등 똑같은 물건은 다 헤아릴 수 없을 만큼 많아요. 또 평면 거울 앞에 서면 거울에 비친 모양과 크기는 거울 앞의 실제 모습과 똑같아요.

이처럼 어떤 두 도형이 모양과 크기가 같아서 서로 포

개었을 때 완전히 겹치는 것을 합동이라고 해요. 합동(合同)은 한자로 읽으면 이해하기 쉬워요. 합할 합(合), 같을 동(同)이거든요. 그 뜻풀이를 '(두 도형을) 합하니 (모양과 크기가) 같다.'라고 말할 수 있으니까요. 그런데 합동의 뜻을 이해할 때 주의할 게 있어요. 그것은 모양도 같고 크기도 같아야 한다는 점이에요. 예를 들면, 500원짜리 동전과 100원짜리 동전은 원 모양은 같아도 크기가 달라서 합동이 아니에요.

서로 합동인 도형은 구체적으로 무엇이 같을까요? 서로 합동인 도형은 서로 무엇과 무엇이 같은지를 좀 더 자세하게 알아보아요. 모양과 크기가 어떻게 같은지를 잘 알아야 서로 합동인 이유를 수학적으로 밝힐 수 있으니까요. 그럼, 도형을 이루는 각각의 부분이 분명한 평면다각형을 살펴볼까요? 모든 다각형에는 선분으로 이루어진 여러 개의 변이 있고, 변과 변이 만나는 꼭짓점이 있어요. 그리고 각각의 꼭짓점 안쪽에는 서로 다른 방향의

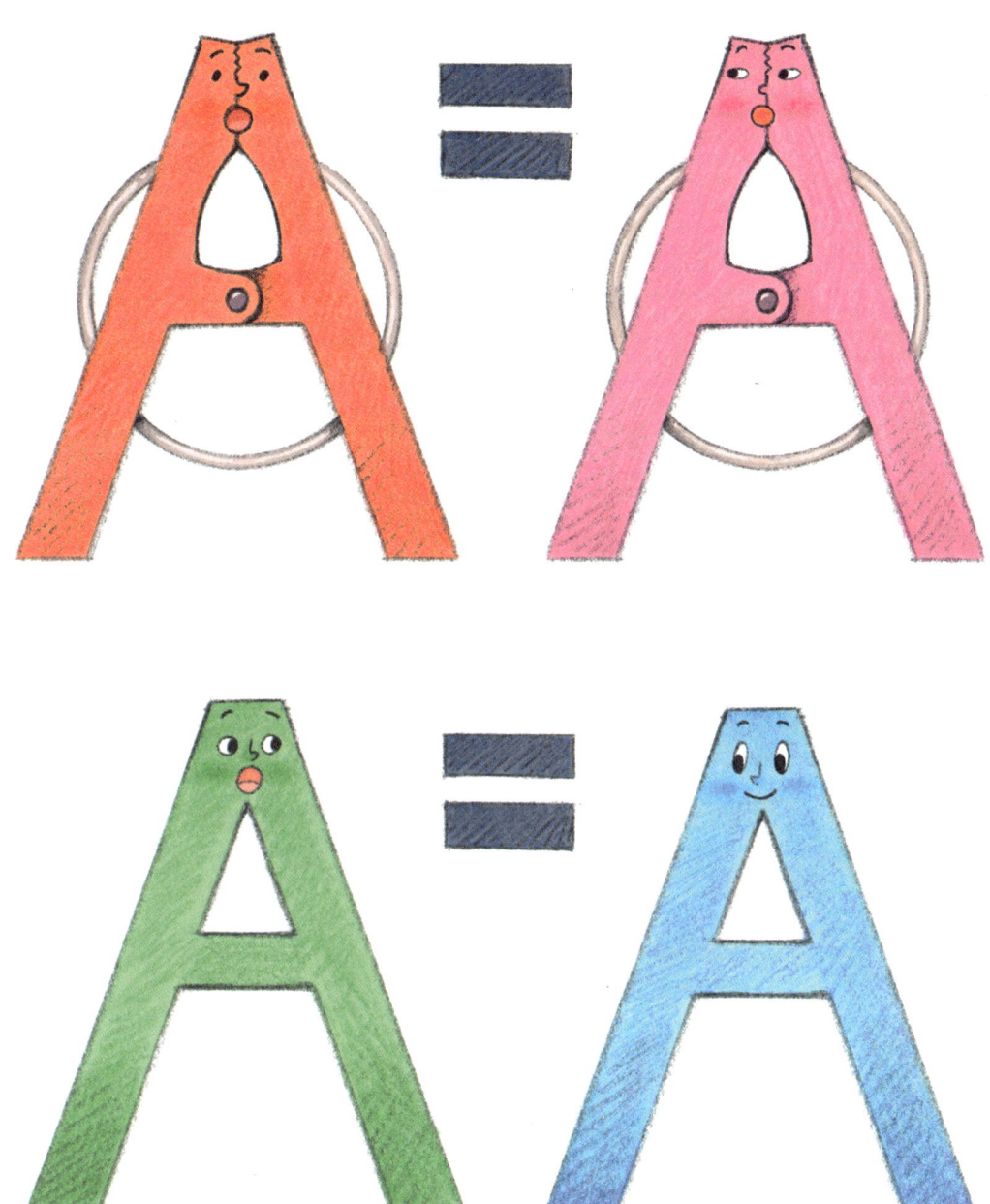

두 변이 만나서 생긴 각이 있어요. 그래서 모든 다각형에는 '변'과 '꼭짓점'과 '각'이 있어요.

그러므로 모양과 크기가 서로 같은 도형들에도 각각 변과 꼭짓점과 각이 있어요. 모양과 크기가 같으니, 변의 개수와 길이도 같을 거고, 꼭짓점의 개수와 위치도 같을 거고, 각의 개수와 각도도 같을 거예요. 만약 그렇지 않다면, 모양과 크기가 달라서 서로 합동이 아닐 테니까요. 그래요, 그런데 '두 도형이 서로 변과 꼭짓점과 각이 같다.'라는 것을 어떻게 확인할 수 있을까요? '합동'의 뜻이 '서로 포개었을 때 완전히 겹치는 것'이니, 포개 보면 알 수 있겠죠. 이때, 두 도형을 '포개었다.'라는 말은 '두 도형의 변들이 겹쳐졌고, 꼭짓점들도 겹쳐졌고, 각들도 겹쳐진 상태'를 뜻해요.

그렇게, 두 도형을 포개었을 때 서로 완전히 겹쳐진 상태이면 두 도형의 변과 꼭짓점과 각의 위치가 서로 같

아진 거예요. 그 각각을 일컫는 이름이 있어요. '대응변', '대응점', '대응각'이 그것이에요. 다시 말하면, 합동인 두 도형을 서로 포개었을 때 완전히 겹쳐지는 변이 대응변이고, 합동인 두 도형을 서로 포개었을 때 완전히 겹쳐지는 점이 대응점이고, 합동인 두 도형을 서로 포개었을 때 완전히 겹쳐지는 각이 대응각이에요. 그리고 대응변은 그 개수와 길이가 같고, 대응점은 그 개수와 위치가 같고, 대응각은 그 개수와 각도가 같아요. 대응(對應)의 한

평면거울 앞에 서면 거울에 비친 모양과 크기는 거울 앞의 실제 모습과 똑같아요. 이처럼 어떤 두 도형이 모양과 크기가 같아서 서로 포개었을 때 완전히 겹치는 것을 합동이라고 해요.

자는 대할 대(對), 응할 응(應)이에요. 대응은 '어떤 두 대상이 서로 짝이 되는 일'이에요. 그래서 한자로 읽으면 이해하는 데 도움이 되어요.

'합동'은 둘 이상의 도형에 해당하는 말이에요. 그런데 한 도형을 둘로 나누면 합동처럼 모양과 크기가 서로 같아지는 도형도 있어요. 어떤 한 도형을 절반으로 접으면 접힌 곳을 중심으로 양쪽의 모양과 크기가 서로 같은 경우가 그래요. 이런 도형을 '선대칭도형'이라고 해요. 더 정확하게 말하면, 선대칭도형은 한 직선을 따라 접었을 때 완전히 겹치는 도형이에요. 이때 그 직선을 대칭축이라고 해요. '대칭'은 '두 대상이 서로 짝이 되는 일'이고 축(軸)은 '중심'을 뜻하는 말이어서, 대칭축은 한 직선을 기준으로 하여 모양과 크기가 대칭될 때, 그 직선을 일컫는 말이에요. 따라서 대칭축을 중심으로 나누어진 양쪽의 도형에도 서로 겹치는 '대응변'과 '대응점'과 '대응각'이 생겨나요.

 선대칭도형이 '대칭축'을 따라 접었을 때 완전히 겹치는 도형이라면, 점대칭도형은 한 도형을 어떤 '점'을 중심으로 180° 돌렸을 때, 돌리기 전의 도형과 완전히 겹치는 도형이에요. 이때 그 '점'을 대칭의 중심이라고 해요. 그런데 '선대칭도형'이 되려면 대칭축을 따라 접어야 하듯, '점대칭도형'이 되려면 '대칭의 중심'을 기준으로 180° 돌려야 해요. 그렇지 않으면, 어떤 한 도형이 '점대칭도형'인지 아닌지를 확인할 수 없어요. 이처럼 '대칭축'이든 '대칭의 중심'이든, 도형의 중심이 되는 '기준'을

선대칭도형은 한 직선을 따라 접었을 때 완전히 겹치는 도형이에요. 이때 그 직선을 대칭축이라고 해요. 대칭축은 한 직선을 기준으로 하여 모양과 크기가 대칭될 때, 그 직선을 일컫는 말이에요.

잘 찾아내서 정해야, 그 도형이 선대칭도형인지, 점대칭도형인지를 알아차릴 수 있어요. 그래야 물건을 만들 때나 건축물을 지을 때, 필요한 공간을 잘 이해할 수 있어요. '공간'을 잘 이해하는 일이 수학이에요.

• 아래의 두 물음을 읽고
  스스로의 생각을 자유롭게 써 보아요.

1. 점대칭도형은 '한 도형을 어떤 점을 중심으로 180° 돌렸을 때, 돌리기 전의 도형과 완전히 겹치는 도형'이에요. 그러면, 한 도형을 어떤 점을 중심으로 90° 돌렸을 때, 돌리기 전의 도형과 완전히 겹치는 도형도 있을까요? 있다면, 그 도형은 어떤 도형일까요?

2. 대칭축이 2개인 '선대칭도형'도 있을까요? 있다면, 그 도형을 그려 보세요.

7 직사각형 6개에 둘러싸인 도형

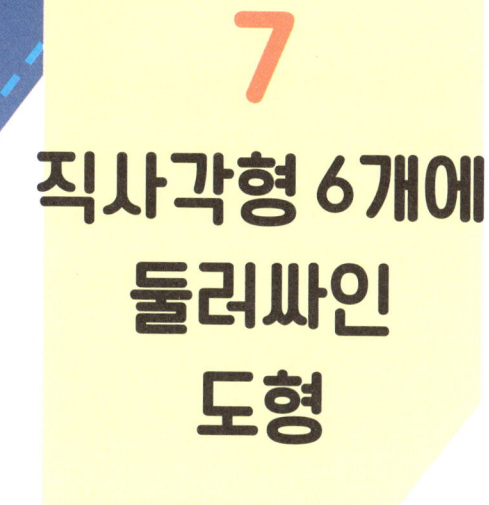

6개의 직사각형에 둘러싸인 도형을
무엇이라고 할까요?
직육면체와 정육면체는 어떤 점이 다를까요?
직육면체의 안 보이는 부분까지 나타내는 그림을
무엇이라고 하며,
그 그림은 어떻게 그릴까요?
직육면체에 관하여 알아보아요.

직육면체

여섯 개의 직사각형

맨날 누워만 있던 직사각형이
마침내 일어나 집 밖으로 나왔어요.

온종일 방에 누워 자기를 닮은
천장만 바라보는 게 지겨웠던 거예요.

밖으로 나왔지만, 직사각형은
혼자서는 할 일이 없었어요.

때마침 다른 직사각형을 만났어요.
반가운 마음에 둘러보니 직사각형이
자기 말고도 다섯이나 있었어요.

직사각형들은 모두 심심하던 참이었어요.
그동안 누워만 있느라고 어울릴 줄 몰랐던

직사각형 여섯은 모여 앉아 보았어요.

그러다가 두 직사각형이
한가운데 누워 보았어요.
평면에 눕는 건 직사각형의 장기였어요.

다른 직사각형 넷은 힘을 합해
누운 두 직사각형 중 하나를
번쩍 들어 올렸어요.

그러자 지금껏 평면도형이었던
직사각형 여섯이 상자 모양이 되었어요.
직사각형 여섯이 **직육면체**가 된 거예요.

맨날 평면도형으로만 있다가
난생처음 입체도형이 되자

직사각형 여섯은 무척 기뻤어요.

직사각형 여섯이 **직육면체**가 되자
이전에는 없던 것이 생겨났어요.

두 직사각형의 두 변이 만나서
한 모서리가 되었어요.

세 직사각형의 세 꼭짓점이 만나서
한 꼭짓점이 되었어요.

두 직사각형의 평행한 두 면이 마주해서
두 밑면이 되었어요.

그리고 모든 밑면과 수직인 면은
직육면체의 옆면이 되었어요.

그날 이후 직사각형 여섯은
직육면체가 필요하면 항상 모였어요.

누군가의 생일날이면 모여서
선물을 담을 선물 상자가 되었어요.

K-pop을 듣고 싶으면 모여서
스피커가 되었어요.

직사각형 여섯이 자주 붙어 다녀서
이젠 동네 사람들도 모두 알아요.

직사각형의 앞쪽 **면**들에 가려서
안 보이는 뒤쪽 **면**들도 있다는 것을요.

그래서 사람들은 **직육면체**를 보면

점선으로 **겨냥도**를 그릴 줄도 알아요.

입체도형은 알려 주어요.
안 보이는 것과 없는 것은 다르다는 것을요.

　우리가 종이에 그린 직사각형은 평면도형이에요. 평면도형은 말 그대로, 평면에 그려진 도형이에요. 그래서 평면도형은 두께는 없고 길이만 있는 도형이에요. 반면에, 상자 모양인 입체도형은 길이뿐만 아니라 두께도 있는 도형이에요. 그래서 입체도형(立體圖形)의 한자는 설 입(立), 몸 체(體), 그림 도(圖), 모양 형(形)이에요. 이 한자 뜻을 '세워져 있는 물건의 모양'이라고 풀이할 수 있겠어요. 그러면, 평면도형인 직사각형으로 상자 모양인 입체도형을 만들려면 어떻게 해야 할까요?

　단순한 방법은 이래요. 종이에 직사각형 6개를 그린 다음, 그 직사각형들을 둘러싼 변을 따라 오려내서, 직사각형 6개 모두 서로 직각을 이루게 하여 이어 붙이면 상자 모양이 되어요. 그리고 그렇게 만들어진 도형을 '직육면체'라고 해요. 다시 말하면, **직육면체**는 **직사각형 6개로 둘러싸인 도형**이에요. 그런데, 직사각형 6개에 둘러싸인 직육면체에는 직사각형에는 없는 특성이 있어요. 그 특성은 세 가지예요.

그 첫 번째는 '면'이에요. **면**은 직육면체에서 **선분으로 둘러싸인 부분**이에요. 그래서 직육면체의 면은 6개의 직사각형으로 이루어져 있어요. 그 두 번째는 '모서리'예요. **모서리**는 **면과 면이 만나는 선분**이에요. 그래서 직육면체의 1개의 모서리는 2개의 직사각형의 두 변이 만나는 부분이에요. 마지막 세 번째는 '꼭짓점'이에요. 꼭짓점은 직사각형에도 있지만, 직육면체의 **꼭짓점**은 **모서리와 모서리가 만나는 점**이에요. 그래서 직육면체의 1개의 꼭짓점은 3개의 직사각형의 세 꼭짓점이 만나는 부분이에요. 따라서, 모든 직육면체에는 6개의 면이 있고, 12개의 모

서리가 있고, 8개의 꼭짓점이 있어요.

 직육면체가 6개의 직사각형에 둘러싸인 도형이라면, <mark>정육면체</mark>는 <mark>6개의 정사각형에 둘러싸인 도형</mark>이에요. 직육면체가 직사각형에서 생겨나듯이, 정육면체는 정사각형에서 생겨나요. 그래서 정육면체에도 6개의 면과 12개의 모서리와 8개의 꼭짓점이 있어요. 그런데, 직사각형과 정사각형은 '변의 길이'에 차이가 있듯이, 직육면체와 정육면체도 '면과 모서리의 길이'에 차이가 있어요. 사각형의 '변'이 육면체의 '면과 모서리'를 이루기 때문이에요. 따라서, 직육면체와 달리 정육면체는 꼭짓점이 있는 주사위처럼 6개의 면의 크기가 똑같고, 12개의 모서리의 길이도 똑같아요.

 이번에는 직육면체를 이루는 각각의 '면'을 무엇이라고 일컫는지 알아볼까요? 직육면체의 면은 '밑면'과 '옆면'으로 구분되거든요. 그중 직육면체의 <mark>밑면</mark>은 <mark>서로 평</mark>

직육면체가 6개의 직사각형에 둘러싸인 도형이라면, 정육면체는 6개의 정사각형에 둘러싸인 도형이에요.

행하고 나머지 다른 면에 수직인 두 면이에요. 그래서 밑면은 서로 평행하게 마주하고 있어서 계속 늘여도 서로 만나지 않는 두 면이에요. 직육면체의 '옆면'은 무엇일까요? 옆면은 밑면에 수직인 면이에요. 그래서 밑면과 옆면이 만나는 모서리의 각도는 90°이에요. 따라서, **직육면체의 특징적 구성 요소는 '밑면, 옆면, 모서리, 꼭짓점'이에요.**

그런데 직육면체의 모양은 한쪽에서만 보면 다 보이지 않아서 이쪽저쪽에서 둘러보아야 모양을 다 볼 수 있

어요. (평면에 그려진 직사각형의 모양은 한눈에 들어오지만요) 그런데도, 우리는 이쪽에서는 안 보이는 직육면체의 저쪽 모양도 어떤 모양인지를 알아차릴 수 있어요. 밑면과 옆면의 크기와 위치, 모서리의 길이와 개수, 꼭짓점의 위치와 개수를 잘 알고 있기 때문이에요. 그래서 우리는 직육면체의 모양을 잘 알 수 있도록 나타낸 그림을 그릴 수 있어요. 그 그림을 겨냥도라고 해요. 겨냥도의 도(圖)자는 그림 도(圖)이지만, '겨냥'이라는 말은 한자어가 아닌 순우리말이에요. '겨냥'은 '목표하는 것을 겨눈다.'라는 뜻이에요. 그래서 겨냥도를 그리는 목표는 '한쪽에서는 안 보이는 부분까지 그려내는 것'이에요. 겨냥도를 그릴 때는 '실선'(―)과 '점선'(…)을 사용해요. 눈에 보이는 모서리는 실선으로 그리고, 눈에 안 보이는 모서리는 점선으로 그려요.

　이처럼 직육면체 그림은 겨냥도로 그리는데, 직육면체 모양을 종이로 만들려면 어떻게 할까요? 건물을 지으려면 건축 설계도가 필요하듯이, 간단한 직육면체를 만들려고 해도 설계도가 필요해요. 다만, 직육면체의 설계도는 '전개도'라고 일컬어요. 전개도는 어떤 입체도형의 모서리를 잘라서 펼친 그림을 뜻해요. 전개도(展開圖)는 한자로 읽으면 이해하기 쉬워요. 펼 전(展), 열 개(開), 그림 도(圖)이거든요. 한자대로 뜻을 풀면 '펼치고 열 수 있도록 (평면에) 그린 그림'이라고 할 수 있겠어요. 그래서 '전개도'를 순우리말로는 펼친그림이라고 해요.

그러면 전개도는 어떻게 그릴까요? 우리가 겨냥도를 그릴 때 실선과 점선을 사용하듯이, 전개도를 그릴 때도 실선과 점선을 사용해요. 정육면체의 전개도에서 잘리는 모서리는 실선으로 그려요. 그리고 잘리지 않는 모서리는 점선으로 그려요. 따라서, 종이로 직육면체 모양을 만들려면, 먼저 연필과 자로 전개도를 그린 다음, 실선 부분은 칼이나 가위로 자르고, 점선 부분은 반듯하게 접고서, 잘린 모서리들은 풀이나 테이프로 붙이면 되어요.

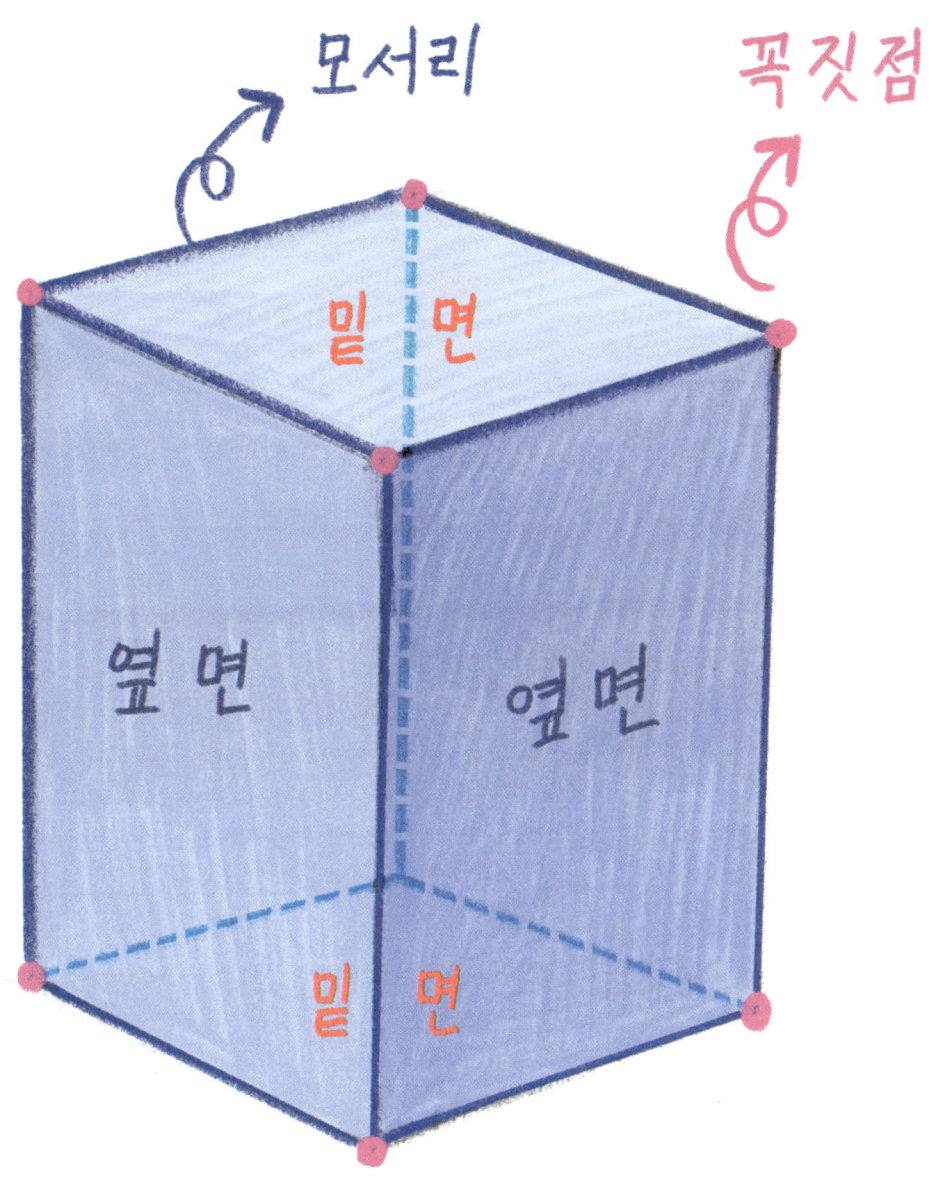

아파트에서는 재활용 쓰레기를 분리 배출하는 날이 매주 한 번 있어요. 대개는 플라스틱, 철재, 비닐, 유리병, 스티로폼, 우유 팩을 각각 분리하여 모아 놓고, 종이도 따로 모아 놓아요. 그중 직육면체인 종이 상자는 부피를 줄이려고 펼쳐 놓아요. 집안일을 돕느라고 아빠나 엄마를 따라나섰다면, 펼쳐 놓은 종이 상자를 살펴보아요. 대개는 '넓은 십자가 모양'일 거예요. 그 모양이 직육면체를 만드는 가장 쉬운 전개도예요. 이렇듯 주위를 잘 살펴보면, 직육면체와 그 전개도가 우리가 생활하는 곳곳에 있어요.

● 아래의 두 물음을 읽고
  스스로의 생각을 자유롭게 써 보아요.

1. 주사위를 직육면체로 만든다면 주사위 놀이를 할 때 어떤 문제가 발생할까요?

2. 우리 주변에는 정육면체보다 직육면체가 훨씬 더 많아요. 그 이유는 무엇일까요?

8

'평균'을 구하는 법과 '가능성'을 표현하는 법

여러 자료의 평균을 구하는 방법은 무엇일까요?
자료의 평균을 구하려면 어떤 조건이 필요할까요?
앞으로 일어날 일의 가능성이
크고 작음을 어떻게 표현할 수 있을까요?
평균과 가능성에 관하여 알아보아요.

평균과 가능성

우리 가족의 평균과 가능성

우리 집에는 우리 가족 말고도
평균과 **가능성**이 살아요.
평균은 늘 누워서 수평을 유지해요.
가능성은 늘 왔다 갔다 해요.

우리 가족 나이는
엄마는 42세, 아빠는 43세,
동생은 9세, 저는 12세여서
우리 가족의 **평균** 나이는 26.5세이지만,
제 동생이 제 나이를 앞지를
가능성은 0이에요.

지난 주말에 잰 우리 가족의 몸무게는
엄마는 53kg, 아빠는 82kg,
동생은 28kg, 저는 39kg이어서

우리 가족의 **평균** 몸무게는 50.5kg이지만,
엄마가 아빠의 몸무게를 앞지를
가능성은 거의 없어요.

아빠 직장의 퇴근 시간은 오후 6시이지만
아빠는 어제도 밤 10시에 귀가하셨어요.
평일 중 사흘은 밤 10시에 귀가하시고
이틀은 저녁 7시에 귀가하시니
아빠의 **평균** 귀가 시간은 밤 9시쯤이에요.
그래도 엄마 말씀에 따르면,
아빠가 직장을 잃을 **가능성**은 작대요.

저는 밥보다 라면을 좋아해요.
엄마는 걱정하시지만,
저처럼 면을 좋아하시는 아빠 말씀은

국수를 좋아하는 것은 우리 집안의 내력이래요.
그래서 우리 집은 한 달에 **평균**
쌀은 10kg을 먹고, 라면은 한 상자를 먹어요.
그래도 제가 밥보다 라면을 더 자주 먹을
가능성은 크지 않아요.

우리 가족은 일주일에 한 번쯤 외식해요.
주로 주말에 짜장면과 짬뽕과 탕수육을 먹어요.
그래서 우리 가족의 1년간 외식 횟수는 **평균**
오십 번이에요.
짜장면을 더 좋아하는 내가
짬뽕을 먹을 가능성은 작지만,
탕수육을 안 먹을 가능성은 0이에요.

저와 동생은 스마트폰이 없지만,
엄마와 아빠는 하나씩 가지고 계시어요.

대신에 저와 동생에겐 수백 권의 책이 있어요.
저와 동생은 일주일에 **평균**
책 한 권을 읽거든요.
반면에 엄마와 아빠가 일주일에 **평균**
책 한 권을 읽을 **가능성**은 작아요.
그래도 엄마와 아빠가 당분간 저와 동생에게
스마트폰을 사 주실 **가능성**은 크지 않아요.

엄마와 아빠의 **평균** 마음은
저와 동생이 엄마와 아빠와는
다르게 살기를 바라시는가 보아요.
그런데 그렇게 될 **가능성**이 얼마나 될까요?

　우리나라는 양궁 강국이에요. 양궁의 올림픽이라고 말하곤 하는 세계 양궁 대회뿐만 아니라, 4년마다 열리는 하계 올림픽에서도 매번 여러 개의 금메달을 차지하거든요. 우리나라 선수들은 개인 경기 실력도 뛰어나지만, 남자 단체 경기든 여자 단체 경기든 단체 경기에서는 금메달을 놓치는 경우가 거의 없어요. 그것은 협동심이 뛰어난 증거이지만, 뛰어난 개인 실력 없이는 불가능한 일이에요. 양궁 단체 경기는 나라별 대표로 3명씩 참가한 선수들이 각각 쏜 화살의 합계 점수로 순위를 매기기 때문이에요.

　2012년 하계 올림픽 여자 단체 경기에서도 우리나라

는 금메달을 차지했어요. 그 올림픽의 여자 단체 경기 결승에서 우리나라 선수들은 중국의 선수들을 1점 차이로 이겼어요. 중국 선수들의 합계 점수는 209점이었고, 우리나라 선수들의 합계 점수는 210점이었거든요. 3명의 선수가 210점을 얻었다는 것은 선수 1명당 70점을 얻은 셈이에요. 그 말은 그 경기에서 우리나라 선수들의 평균 점수가 70점이었다는 뜻이에요. 이처럼 각각의 자료의 합을 자료의 개수로 나눈 값을 평균이라고 해요. 평균(平均)은 한자로 읽으면 그 뜻을 이해하기 쉬워요. 평평할 평(平), 고를 균(均)이거든요. 이 한자 뜻을 풀이하면 '(자료들의 높낮이를) 평평하고 고르게 한 것'이라고 말할 수 있어요.

그런데, 어떤 자료이든 평균을 구하려면 조건이 필요해요. '평균'이라는 말이 '여러 수량의 중간값'이기 때문에, 평균의 수를 나타내려면 먼저 자료가 여러 개 있어야 해요. 그리고 그 자료들의 수량이 각각 얼마큼인지도 알

아내야 해요. 만약에 자료의 수량이 하나뿐이라면 평균을 구할 필요가 없어요. 그것은 마치 양궁 선수가 단 한 발의 화살을 쏜 상태와 마찬가지예요. 따라서, 앞의 동시 이야기처럼 가족의 평균 몸무게를 구하든, 아빠의 평균 귀가 시간을 구하든, 가족의 외식 횟수를 구하든, 평균을 구하려면 먼저 여러 대상의 각각의 수량을 알아야 해요.

앞의 동시를 보면, 엄마와 아빠의 독서량은 일주일에

자료의 수량이 하나뿐이라면 평균을 구할 필요가 없어요. 그것은 마치 양궁 선수가 단 한 발의 화살을 쏜 상태와 마찬가지예요.

책 한 권이 안 되어요. 반면에 두 아이는 일주일에 평균 책 한 권을 읽어요. 엄마와 아빠가 책을 자주 읽지 않는 이유는 책보다 스마트폰에 더 열중해 있기 때문일 수 있어요. 그 사실을 잘 알고 있는 엄마와 아빠는 자녀에게는 스마트폰을 사 주시지 않아요. 자녀에게 스마트폰이 생기면 자녀의 독서량이 줄어들 가능성이 크다고 예상하기 때문일 거예요. 만약에 자녀가 스마트폰을 갖게 되어도 자녀의 생활이 이전에 비해 달라질 가능성이 작다면, 엄마와 아빠가 스마트폰을 사 줄 가능성도 작지 않을 거예요. 돈 걱정을 하지 않는다면 말이에요.

이렇게 사람들이 앞으로 일어날 일을 '가능성의 크고 작음'으로 예상하는 것처럼, **가능성**이라는 말은 **어떤 상황에서 앞으로 어떤 일이 일어날지를 예상하는 정도를** 뜻해요. 그리고 가능성의 정도는 **불가능하다, ~은(는) 아닐 것 같다, 반반이다, ~일 것 같다, 확실하다** 등으로 구분하여 **말**로 표현할 수 있어요. 또는 가능성의 정도를 **수**로

표현할 수도 있어요. 즉, 가능성의 크기에 따라, 0, $\frac{1}{2}$, 1로 구분하여 표현하는 거예요. 그래서, 불가능할 때는 0으로 표현하고, 가능성이 반반일 때는 $\frac{1}{2}$로 표현하고, 확실할 때는 1로 표현하는 거예요.

가능성의 정도를 말과 수로 표현해 볼까요? 오늘이 12월 1일인데, 내일이 11월 30일이 될 가능성은 없어요. 날짜가 거꾸로 가는 일은 불가능해요. 그 가능성을 수로 나타내면 0이에요. 그리고 앞으로 10년 동안은 매년 크리스마스에 함박눈이 내릴 가능성은 작아요. 10년 중 몇 해는 함박눈이 내릴 가능성이 있겠지만 매년은 아닐 것 같아요. 하지만 그 가능성을 수로 나타내기는 어려워요. 굳이 나타내야 한다면, 아마 0에 가까울 거예요. 바닥에 주사위를 100번 던졌을 때 짝수가 나올 가능성은 반반이에요. 그 가능성을 수로 나타내면 $\frac{1}{2}$이에요. 자녀를 사랑하는 부모가 자녀를 사랑하지 않는 부모보다 훨씬 많을 것 같아요. 하지만 그 가능성을 수로 나타내기는 어려

워요. 굳이 나타내야 한다면, 아마 1에 가까울 거예요. 올해 우리나라의 동짓날은 낮보다 밤이 더 길 것이 확실해요. 그 가능성을 수로 나타내면 1이에요.

매일 매시간 방송하는 날씨 예보는 '가능성'을 예측하는 흔한 사례예요. "내일은 장마전선의 영향을 받아 남부 지방에는 비가 내릴 가능성이 큽니다." "내일은 시베리아에서 내려온 찬바람의 영향으로 다소 춥겠으니 옷차림을 따뜻하게 하셔야겠습니다." 식으로 예보해요. 그런데 귀 기울여 보면, 날씨 예보에서 자주 쓰는 말이 '다소'라는 낱말이에요. 한자로는 많을 다(多), 적을 소(少)인 다소(多少)는 부사로 쓸 때는 '어느 정도'라는 뜻이어서, '확실하지는 않다.'라는 말이기도 해요. 기상청에서 한반도 주변의 기온과 습도, 바람의 세기와 방향을 종합하여 '~할 가능성'이 크다고 예측한 걸 보도하는 것이겠지만, '확실하다.'라고 말할 수가 없어서 '다소'라는 말을 자주 하는 걸 거예요. 날씨 예보뿐만 아니라, 어떤 일이 앞으

10년 중 몇 해는 함박눈이 내릴 가능성이 있겠지만 매년은 아닐 것 같아요. 하지만 그 가능성을 수로 나타내기는 어려워요. 굳이 나타내야 한다면, 아마 0에 가까울 거예요.

로는 어떻게 될지를 예측하기란 어려울 때가 많아요. 세상일은 확실한 것보다는 불확실한 일이 더 많은 것 같아요. 그래서 새옹지마(塞翁之馬)라는 고사성어도 생겨났을 거예요.

• 아래의 두 물음을 읽고
  스스로의 생각을 자유롭게 써 보아요.

1. 앞의 동시를 참고하여 우리 가족의 생활에서 '평균'으로 나타낼 수 있는 것을 세 가지만 적어 보세요.

2. 일 년쯤 지나면 나의 생활이 바뀔 '가능성이 큰 것'을 한 가지만 적어 보세요. 그 이유도 적어 보세요.

찾아보기

ㄱ
가능성 154~167
겨냥도 141, 147~148
공배수 25~26, 31~33, 71
공약수 26~27, 33~35, 68
공통분모 61~62, 70~75
규칙 43, 47~55
기약분수 60, 68
길이의 단위 90, 93
꼭짓점 126~127, 139, 144~146

ㄴ
넓이의 단위 92~93
높이 83~85, 96~97

ㄷ
대각선 85~86, 97~98
대응 43~55, 129~130
대응각 121~122, 129
대응변 121~122, 129
대응점 121~122, 129
대칭 118, 130, 132
대칭의 중심 131
대칭축 122, 130, 131, 133
둘레 77~99

ㅁ
마름모의 넓이 85~86, 97~98
모서리 139, 144~148
미만 103~105, 109~110, 115
미터 91
밀리미터 90
밑면 139, 145~147
밑변 83~84, 96~97

ㅂ
반올림 104~105, 110, 113~117
배수 23~37, 71
버림 104~105, 110~117

ㅅ
사다리꼴의 넓이 84~85, 90, 97
삼각형의 넓이 83~84, 90, 96
삼각형의 둘레 79, 90
선대칭도형 120~124, 130~133
센티미터 90~91

실선 147~148

ㅇ

아랫변 84~85, 97
약분 59~63, 67~75
약수 24~39, 68, 70
어림하다 110
옆면 139, 146~147
올림 104~105, 110, 112~117
윗변 84~85, 97
이상 103~109, 115
이하 103~109, 115
입체도형 138, 141, 143, 148

ㅈ

자연수 23~27, 65, 108~110
전개도 148, 150
점대칭도형 121~123, 131~133
점선 141, 147~148
정다각형 90
정사각형의 넓이 93, 95
제곱미터 93, 99
제곱센티미터 93, 99
제곱킬로미터 93, 99
직사각형의 넓이 82~83, 95~96, 98
직사각형의 둘레 80~81, 91
직육면체 138~140, 144~151

ㅊ

초과 103~105, 109, 115
최대공약수 27, 35, 59~60, 68
최소공배수 26, 32, 35, 71~72, 75

ㅌ

통분 61~63, 70~75

ㅍ

펼친그림 148
평균 154~167
평면도형 138, 143
평행사변형의 넓이 83~85, 96~97
평행사변형의 둘레 81, 92

ㅎ

합동 120~123, 126~130

로로로 초등 수학 5학년
동시로 생각하고, 수필로 이해하고, 문제로 논술하는

초판 발행일 2020년 2월 1일
3쇄 발행일 2023년 8월 22일
지은이 윤병무
그린이 이철형
감 수 김판수
디자인 씨디자인: 조혁준 기경란

펴낸곳 국수
등록번호 제2018-000158호
주소 경기도 고양시 일산동구 진밭로 36-124
전화 (031) 908-9293
팩스 (031) 8056-9294
전자우편 songwriter@kuksu.kr

ⓒ 윤병무, 2020, Printed in Goyangsi, Korea

ISBN 979-11-90499-02-6 73410

- 책값은 뒤표지에 쓰여 있습니다.
- 이 책의 저작권은 저자에게, 판권은 '국수'에 있습니다.
- 이 책 내용의 전부는 물론 일부라도 재사용하려면 반드시 '국수'의 동의를 얻어야 합니다.
- 잘못 만들어진 책은 구입하신 서점에서 교환해드립니다.

이 도서의 국립중앙도서관 출판예정도서목록(CIP)은 서지정보유통지원시스템 홈페이지(http://seoji.nl.go.kr)와 국가자료공동목록시스템(http://www.nl.go.kr/kolisnet)에서 이용하실 수 있습니다. (CIP제어번호: CIP2020000387)

 종이에 손을 베지 않도록 주의하세요.
책 모서리에 다칠 수 있으니 책을 던지지 마세요.